JN325623

北海道で育てる

宿根草

北村真弓／髙林 初　監修 工藤敏博

はじめに

　イコロの森に来て9年が経ちました。

　ずっと同じ環境で宿根草を育てることで、ようやくそれぞれの性格が分かってきたような気がします。

　先輩方にアドバイスをいただいたり、本やインターネットで調べたりしながらの、試行錯誤の日々。その間には、苗を枯らしてしまったり、予想以上に繁茂させて撤去に数年を費やしたりと、失敗や苦労もたくさんありました。それでもイコロの森で伸び伸びと育つ植物を見ると、その健気さ、たくましさと美しさに心を打たれ、癒やされます。

　庭づくりは何年経っても飽きることはありません。今度はこんな風に植えたらどうだろう？などと、新しいアイデアを考えてはワクワクしています。

　なかなか本の通りにはいかないのが植物との付き合いですが、宿根草に親しみを持って、庭づくりを楽しんでいただきたいと願っています。

北村真弓

　北海道には宿根草を中心とした庭園が多く、上手に楽しむガーデナーもたくさんいます。

　季節ごとに姿を変える宿根草は、その組み合わせによって主役が常に入れ替わり、庭園全体を包む雰囲気も目まぐるしく変化していきます。

　宿根草を植え、育て、眺めることは、発見と感動の連続です。私たちが毎日のように感じているこの思いを、一人でも多くの人に味わってもらいたいと、いつも考えています。

　この本では、私たちが北海道で育ててきたお気に入りの宿根草をたくさん紹介しています。みなさんの庭に新たな一員として取り入れてもらえたら、また、すでに植えてある宿根草の違った魅力に気づく機会になれば、とてもうれしく思います。

髙林　初

もくじ

はじめに ……………………………………………………… 3
この本の使い方 ……………………………………………… 6

イコロの森の四季 …………………………………………… 8

1章　宿根草を知ろう ……………………………………… 17
　　　宿根草の魅力 ……………………………………… 18
　　　北海道の気候と植物の耐寒性 …………………… 22
　　　マイクロクライメイトを知る …………………… 26
　　　イギリスの庭を訪ねて …………………………… 28

2章　庭をつくろう ………………………………………… 33
　　　庭のスタイルと植栽デザイン …………………… 34
　　　道内の植栽を参考に ……………………………… 42

3章　北国におすすめの宿根草 …………………………… 47
　　　日なたの庭に向く品種 …………………………… 48
　　　半日陰・日陰の庭に向く品種 …………………… 132
　　　オーナメンタルグラス …………………………… 156

4章　宿根草の庭に合う一年草 …………………………… 165

5章　宿根草の庭に合う花木 ……………………………… 179

6章　宿根草の手入れ ……………………………………………………………… 191
　　土と肥料 ……………………………………………………………………… 192
　　植え込み ……………………………………………………………………… 198
　　支柱立て ……………………………………………………………………… 202
　　花がら摘みと切り戻し ……………………………………………………… 203
　　増やす ………………………………………………………………………… 204
　　冬越し ………………………………………………………………………… 208
　　球根の植え込みと管理 ……………………………………………………… 213
　　コンテナで育てる …………………………………………………………… 214
　　気を付けたい病虫害 ………………………………………………………… 216
　　年間作業カレンダー ………………………………………………………… 218
　　庭仕事に役立つ道具 ………………………………………………………… 220

付録 ………………………………………………………………………………… 222
　　植物の名前 …………………………………………………………………… 222
　　基本の園芸用語集 …………………………………………………………… 226
　　宿根草を見るなら──道内の主なガーデン ……………………………… 228

植物名索引 ………………………………………………………………………… 230
　　学名・和名・英名・流通名 ………………………………………………… 230
　　学名（アルファベット） …………………………………………………… 244

この本の使い方

　本書は、北海道に適した植物を使った庭づくりの方法を紹介します。ほとんどの植物が、イコロの森がある苫小牧市で栽培実績のあるものです。ただし道内であっても、日照や風、積雪量など環境によっては生育が思わしくないことがあります。

　本書で取り上げる植物の分類は、DNA解析に基づいた「APG分類体系」に準じています。また、植物の名前は「国際植物命名規約」に基づいたラテン語の学名で表記します。このほか、日本独自の「和名」や英語圏での「英名」、商品として販売される際に付けられた「流通名」なども、よく知られているものは併せて記載します。学名についてはP222「植物の名前」で説明しています。

3〜5章の見方

　ここで取り上げる植物は、いずれも属名で分類し掲載しています。宿根草と一年草、花木で掲載する項目は異なります。

〈宿根草の例〉

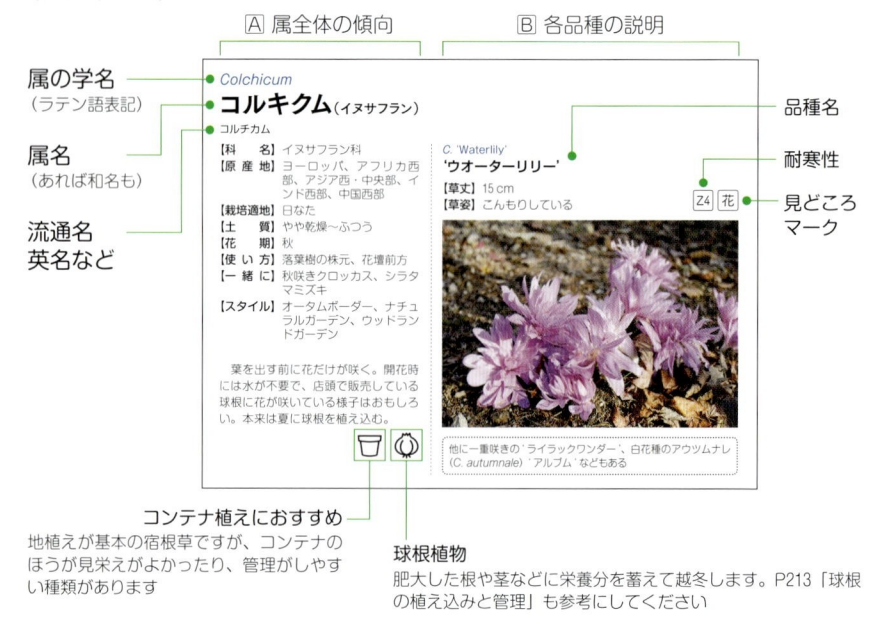

Ⓐ 属全体の傾向　　Ⓑ 各品種の説明

- 属の学名（ラテン語表記）: *Colchicum*
- 属名（あれば和名も）: コルキクム（イヌサフラン）／コルチカム
- 流通名・英名など
- 品種名: C. 'Waterlily'　'ウォーターリリー'
- 耐寒性: Z4　花
- 見どころマーク

【科】イヌサフラン科
【原産地】ヨーロッパ、アフリカ西部、アジア西・中央部、インド西部、中国西部
【栽培適地】日なた
【土　質】やや乾燥〜ふつう
【花　期】秋
【使い方】落葉樹の株元、花壇前方
【一　緒】秋咲きクロッカス、シラタマミズキ
【スタイル】オータムボーダー、ナチュラルガーデン、ウッドランドガーデン

【草丈】15cm
【草姿】こんもりしている

葉を出す前に花だけが咲く。開花時には水が不要で、店頭で販売している球根に花が咲いている様子はおもしろい。本来は夏に球根を植え込む。

他に一重咲きの'ライラックワンダー'、白花種のアウツムナレ（*C. autumnale*）'アルブム' などもある。

- コンテナ植えにおすすめ: 地植えが基本の宿根草ですが、コンテナのほうが見栄えがよかったり、管理がしやすい種類があります
- 球根植物: 肥大した根や茎などに栄養分を蓄えて越冬します。P213「球根の植え込みと管理」も参考にしてください

Ⓐ 属全体の傾向

- 【科　名】この植物が属する科。同じ科の植物は、花や葉の形が似ているなどの特徴がみられます
- 【原産地】原種が生まれ育った地域。その気候条件を想像することは、栽培のヒントにもなります
- 【栽培適地】栽培に向いている日当たりの条件。日なた〜半日陰〜日陰
- 【土　質】栽培に適した土質。乾燥〜やや乾燥〜ふつう〜やや湿潤〜湿潤
- 【樹　高】低木(1.5m以下)〜中木(3m以下)〜高木／つる性　※花木のみ
- 【花　期】花が咲く時期。ただし、同じ属でも種によって大きく異なる場合があります
- 【使い方】植物の特徴や個性をいかすことができる植栽場所の例
- 【一緒に】同じ環境を好む、一緒に植えるとお互いを引き立てるなど、相性のよい植物の例
- 【スタイル】この植物を取り入れたい庭のスタイル。P34「庭のスタイルと植栽デザイン」参照

Ⓑ 各品種の説明

品種名の表記方法は属名と同じです

- 【草　丈】成長したときの、おおよその高さ
- 【草　姿】成長したときの、おおよその形。すらっとしている／こんもりしている／低く広がる／外向きに広がる　※下記「草姿の例」参照
- 【耐寒性】ハーディネスゾーンナンバー。P22「北海道の気候と植物の耐寒性」参照

【見どころマーク】

観賞したいポイント

- 花　花
- 葉　カラーリーフ
- 紅　紅葉
- 実　果実
- 種　シードヘッド(タネ)
- 茎　カラーステム(茎) ※宿根草
- 枝　カラーステム(枝) ※花木
- 香　香り

・草姿の例　以下のように分類しています

すらっとしている
主に花茎が垂直に伸びるタイプ

こんもりしている
よく枝分かれして茂るタイプ

低く広がる
地面を覆うように広がるタイプ

外向きに広がる
噴水のように外に伸びるタイプ

イコロの森の四季

イコロの森では、さまざまなスタイルのガーデンで多種多様な宿根草の栽培をしています。花だけでなく、葉や立ち枯れた姿に、四季それぞれの魅力を発見できます。

ボーダーガーデン
BORDER GARDEN

長さ約90mの芝生の両脇にある帯状花壇（ボーダー）が、春から秋まで色とりどりの宿根草のリレーを展開。
背景にはフォーマルなニオイヒバの生け垣と自然風の花木が植栽され、二つの違った表情を見せます。

春	ダルメラのユニークな花がニョッキリと顔をのぞかせる
初夏	ゲラニウムやエウフォルビアが幾層にも重なり奥行きを感じさせる
夏	ネペタやラムズイヤーのシルバーリーフが涼しげな雰囲気を加える
秋	どっしりとした固まりのセダムやアスターの間から伸びるススキの穂が優しい印象

秋

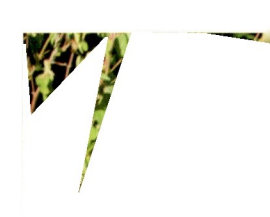

オータムボーダー
AUTUMN BORDER

秋に花を咲かせたり、葉が色づく宿根草を主に植栽。周囲の林の紅葉に合わせて暖色系の花が多く咲きます。
春から夏にかけては、春咲き球根や芽吹く葉のグラデーションが美しく広がります。

春	やわらかな日差しを受けて、チューリップやリシマキアのカラーリーフがぐんぐんと伸び始める
初夏	落ち着いた色のヘリオプシスを背景に、モナルダの花の紫色とシルバーカラーのグラスが映える
夏	エキゾチックなクロコスミアと、ヘレニウムやリアトリスなど。ユニークな花形が織りなすコンビネーション
秋	エウパトリウムの白花やチョコレート色の茎が、花木の紅葉に際立つ。ススキの穂が軽やかな動きを添える

イコロの森の四季

夏

ホワイトガーデン
WHITE GARDEN
白い花や葉が美しい植物を植栽したガーデン。白い花が一斉に咲く様子は圧巻です。

春　　ホスタの間から伸びるチューリップが、ガーデン全体にリズムを生む
初夏　白い花をメーンにした植栽の中で、開花直前の赤みを帯びたギレニアの新葉が美しい
夏　　コロンとしたアナベルの花と、突き出たようなエキナケアの花芯が対照的な組み合わせ
秋　　グラスの穂が秋の光を受けて優しく揺れる

イコロの森の四季

秋

ドライガーデン
DRY GARDEN

樽前山の火山灰が堆積してできた火山れき土壌をそのまま使用したガーデン。土壌改良、施肥、灌水を一切行わず、過酷な環境を好む植物を選択して植栽しています。

春	芽吹いてきた宿根草が海に浮かぶ島のよう。エウフォルビアの黄色が愛らしい
初夏	草丈の低いゲラニウムやフオプシスが咲きそろい、優しいピンクのグラデーションに
夏	ムラサキセンダイハギ、ゲラニウム、リクニスなどが重なるように咲くなか、突き出たフロミスが立体感を感じさせる
秋	エキナケアやアネモネの花がらを残すことで、秋の花壇のアクセントになる

イコロの森の四季

イコロの森の四季

ウッドランドガーデン
Woodland Garden

落葉樹の林の中につくられた自然風のガーデン。春には優しい光が降り注ぎ、夏は木々の葉が強い日差しを遮ってくれます。

春　　スノードロップが春の訪れを知らせる
初夏　リグラリアの銅葉が大きく広がり、木漏れ日を受ける

1章
宿根草とは？

いまや庭づくりに欠かすことの……
管理の手間もかか……
……が、そもそも宿根草と……
……始める前……

……いてよく把握しておきましょう。
北海道と似た気象条件にある、ガーデニング大国イギリスの植栽実例も紹介します。

宿根草の魅力

植えたままで翌年も楽しめる

　春に芽を出し、葉を広げて花を咲かせた後、冬には地上部を枯らしてなくなり、根は土の中で静かに眠っている。そして、次の春に再び芽を出し花を咲かせる。そんなライフスタイルを繰り返す草花を宿根草と呼びます。庭に植えっぱなしでも毎年ちゃんと花が咲く、庭づくりには欠かせない植物です。

　冬に葉を落とし地上部を枯らすため、落葉多年草ともいいます。一方、毎年花を咲かせる草花のなかには、冬もずっと葉を残したまま春を迎える種類もあり、それらは常緑多年草と呼ばれます。

　さらに、球根という形で休眠する種類もあります。根をふくらませてたくさんの養分を蓄積し、休眠期には土から掘り上げることもできるので、球根だけの状態で園芸店に並んでいるのをよく目にします。毎年、同じ株から茎や葉を出して花を咲かせるので、球根植物も多年草の仲間です。

　ただし宿根草でも、寒さが厳しく冬を越せないなど、環境によっては一年草として扱う場合があります。本書では、北海道で庭に植えたまま翌年も楽しめる落葉多年草に常緑多年草（耐寒性種）と球根植物も含めて、宿根草と呼ぶことにします。

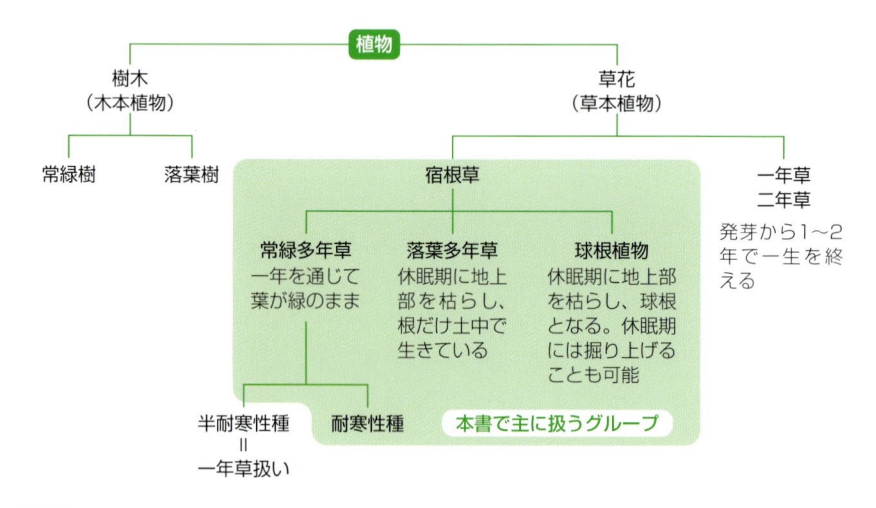

植物
- 樹木（木本植物）
  - 常緑樹
  - 落葉樹
- 草花（草本植物）
  - 宿根草
    - 常緑多年草：一年を通じて葉が緑のまま
      - 半耐寒性種＝一年草扱い
      - 耐寒性種
    - 落葉多年草：休眠期に地上部を枯らし、根だけ土中で生きている
    - 球根植物：休眠期に地上部を枯らし、球根となる。休眠期には掘り上げることも可能
  - 一年草 二年草：発芽から1〜2年で一生を終える

本書で主に扱うグループ

図1　植物の分類

一年草、樹木との違い

　宿根草に対して、1年もしくは2年でその一生を終える草花を一年草、二年草と呼びます。タネから芽を出し、その年（あるいは翌年）に花を咲かせたら、その命をタネに託して枯れてしまいます。しかし、本来の一年草はアサガオやコスモス、ヒマワリなどそれほど多くありません。パンジーやビオラ、マリーゴールドやペチュニアなど、北海道の花壇でもよく見られる花の多くは耐寒性がなく、また1シーズンだけ花壇で使用するように育種されてきたので、本来は多年草ですが一年草として扱っているのです。

　いずれにしても、これらは花の時期が終わったら掘り上げて、次の季節の一年草に植え替えなければなりません。管理をするうえで、宿根草が一年草と大きく異なる点はまさにここにあります。数年間は植えっぱなしで楽しめるのが宿根草です。

　植えっぱなしといえば、アジサイやバラなども同じ。ですがアジサイやバラは樹木に分類され、宿根草とは呼びません。樹木と草花の大きな違いは幹や茎の様子です。樹木の幹は年々成長し、徐々に太く硬くなっていきますが、草花の茎は1年から数年で成長を止め、太くならずやわらかいままです。もっとも、多くの宿根草は落葉多年草ですから、地上部は冬にすべて枯れ、毎年新しい茎に更新されます。

　植えっぱなしで毎年花を咲かせ、いつも新しい茎が伸びるので、難しい剪定はしなくて済み、育てやすく扱いやすいのが宿根草ということです。

一年草のみでつくった花壇。季節ごとに植え替えやタネまきが必要

クロフネツツジは毎年幹が成長し、徐々に大きくなる落葉樹

宿根草（常緑多年草）のクリスマスローズ。雪の下で葉を残したまま越冬する

豊富なバリエーション

　宿根草の魅力は何といってもその種類の豊富さにあります。草全体の姿、花や葉の形や色、花の咲く季節やタネのつき方は種類によって大きく異なります。背の高さの違いをいかして立体的な花壇をつくったり、花や葉の形のコントラストを演出したりと、楽しみ方は無限に広がります。花色のバリエーションも多く、庭をどんな色にも染めることができます。好きな色を同系色でそろえたり反対色で互いを引き立てる組み合わせや、グラデーションをつくったりすることもでき、まさに自由自在です。

　育てるのに適した場所（日なたや日陰、乾燥地や水辺など）も種類によって違うので、どんな条件でもちゃんと育つ宿根草が見つかります。「日当たりが悪い」とか「風が強い」と庭づくりを諦めてはいませんか？　そんな環境にも適応する宿根草は必ずあり、それらを使って魅力的な花壇をつくることができます。「環境に合う植物選び」は管理のしやすい調和のとれた庭にもつながります。

さまざまな色や形の花を咲かせる宿根草を組み合わせてつくる花壇

開花リレーで季節感を楽しむ

　宿根草のもう一つの魅力は、一つの植物で四季を感じられることです。例えば、休眠から目覚めて葉を広げる春、花を咲かせる夏、タネをつくり葉を赤くする秋、再び眠りに入る冬——。

　宿根草の開花期間は一般的に2～3週間で、それほど長くはありません。大好きな花を春から秋までずっと眺めていることはできませんが、だからこそ花が咲いたときの感動はひとしおです。この喜びを知ってしまうと、春の芽出しや秋のシードヘッド（種子の結実）もいとおしく感じられます。

　種類によって花の咲く季節はまちまちです。春に咲くものから、夏や秋に見頃を迎えるものまでを上手につなぎ合わせた庭をつくると、季節の移り変わりを長く楽しむことができます。

花のない季節の姿も、宿根草選びの重要なポイントになります。新芽のきれいなもの、葉や茎に特徴があるもの、紅葉やシードヘッドが美しいものや立ち枯れた姿に趣があるものなどを取り混ぜて、シーズンを通した場面を演出します。その組み合わせを試行錯誤するのも、宿根草の庭づくりの醍醐味です。

秋にタネをつける姿も宿根草の魅力の一つ

宿根草は北海道ガーデンの主役

　手軽に自分らしい庭づくりができる植物が宿根草です。大きな樹木を植えるとなると、穴を掘るのはもちろん、運ぶのですら一大事。かといって、小さな苗木を植えたのでは、庭で本領を発揮するまで何年もかかってしまいます。また、一年草は手に入る種類が宿根草ほど多くありません。花がたくさん咲いて華やかですが、個性を出そうとすればそれなりの経験とセンスが必要になります。

　宿根草は多くの種類のなかから庭の環境と自分の好みに合わせて選ぶことができ、作業の負担をあまり気にせず取り入れることができます。2～3年で地面を覆ってくれるので、グラウンドカバーとしても大変有効です。緑があふれる庭をつくるには、宿根草が欠かせません。

　長い冬は地中で静かに休んで、雪が解けたら活動開始。短い夏を思い切り楽しむ宿根草は、北海道で暮らす私たちのライフスタイルにどこか似ていると思いませんか？　樹木でつくられた背景や骨格に、宿根草で色付けして個性を出し、物足りなければ一年草でアクセントをつける──ヨーロッパで盛んになった宿根草をふんだんに使った庭づくりは、よく似た気候の北海道にも適しています。そう考えると、宿根草は北海道ガーデンの主役といえるのかもしれません。

北海道の気候と植物の耐寒性

自分の地域の気候を知る

　北海道の気候は、本州とは明らかに違います。道外からの旅行者が「北海道は花の色が違う」「今ごろスイセンが咲いているの?」などと驚くように、気

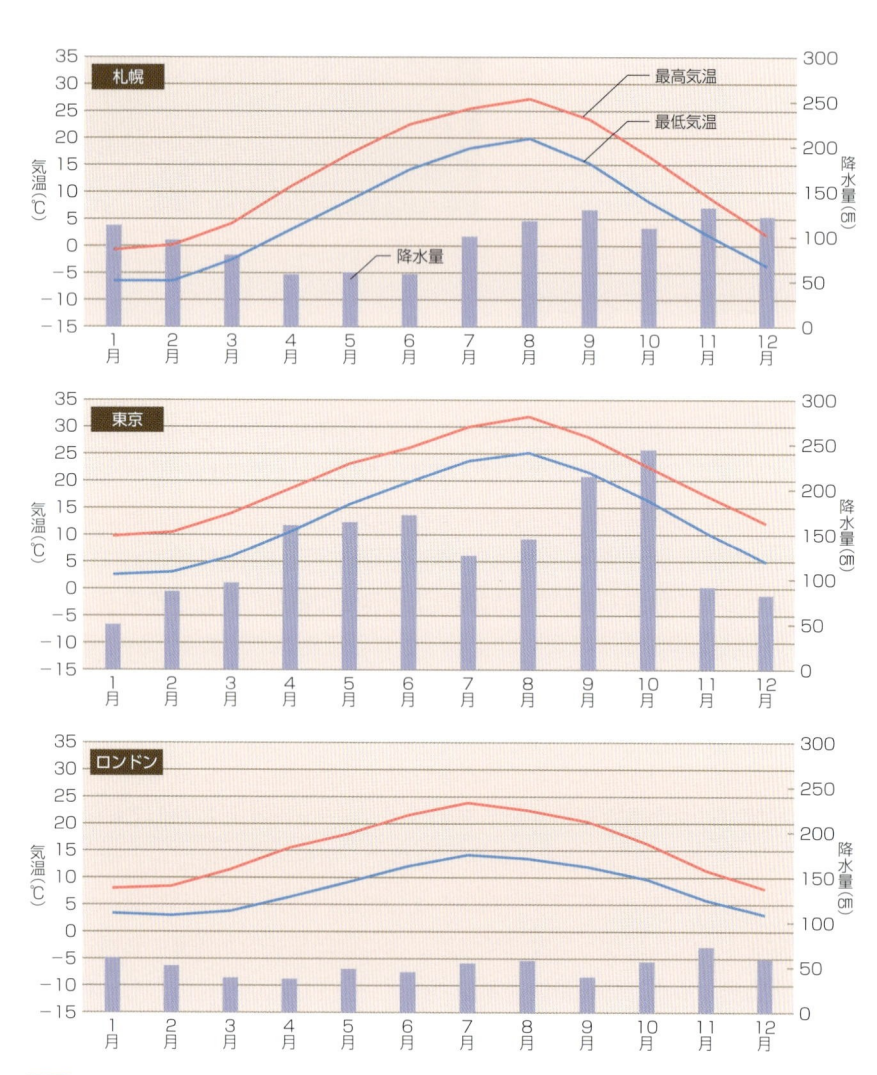

図2　札幌と東京、イギリス・ロンドンの年間の平均気温と平均降水量（2005〜2014年）

※気象庁のデータをもとに作成

温の差はもちろんのこと、雨量の少なさや湿度の低いカラリとした空気は、植物にもはっきりとした違いとしてあらわれます。

　一年で一生を終える一年草ですら、この独特の気候による影響を受けるのですから、長く厳しい冬を雪の下で耐えなければならない宿根草にとっては大きな問題となります。一方で、植物が大きく成長する6〜7月に梅雨による長雨を経験しないといった数々の利点もあります。

　北海道は広大なので、地域によって気温や積雪量がずいぶん異なります。庭づくりをするなら、まず自分の地域の気候についてよく知ることが大切です。

　図2をみると、気温の低さ以上に目を引くのが、夏の降水量の少なさです。本州では気温と湿度の高さで植物がぐったりしてしまう時期に、北海道ではグンと成長できることがグラフからもよくわかります。

西ヨーロッパとの類似

　全体的に北海道より緯度の高いヨーロッパですが、北大西洋海流という赤道付近からやってくる暖流の上を偏西風が吹いているため、冬は比較的温暖です。ガーデニングの本場・イギリスは温帯に属しています。ちなみに北海道はイギリスより10度近く緯度が低いのですが、冷帯に属します。

　イギリスでは冬期間、気温はなかなか氷点下にならず積雪もほとんどなく、北海道より温暖といえます。しかし、北海道は十分な積雪で地表が覆われることから、地中温度は気温の影響を受けにくいと考えられます。

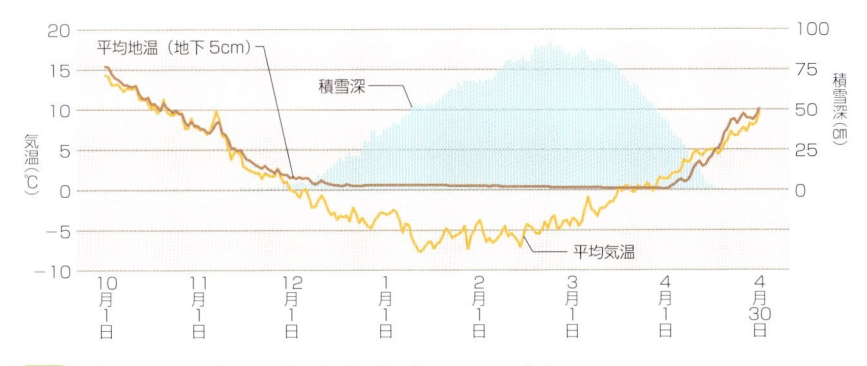

図3　札幌の冬季平均気温・地温と積雪深（2005〜2014年）

※北海道農業研究センターの観測データをもとに作成

北海道の夏の涼しさや適度な降水は、イギリスを含む西ヨーロッパの気候とよく似ています。また、北海道の宿根草は積雪によって冷たい外気から守られるので、冬の気温の違いはあまり問題になりません。日本はイギリスやフランスで発展してきた植物を多く導入していますが、このような気候の類似性は北海道で庭づくりをするうえで非常に有利になります。

耐寒性が分かるハーディネスゾーン

　植物がどのくらいの寒さで耐えられるのか、その指標となるのが米国農務省（USDA）が採用している「ハーディネスゾーン」です。地域ごとの過去の最低気温の平均値を算出し、一定の温度幅を1から11までのゾーンに分けています。

　欧米では、植栽する植物を選ぶ際の重要な要素の一つとして広く活用されています。園芸店で販売されている苗のラベルにも表示があるので、購入者も自分の庭のハーディネスゾーンを把握して植物を選び、庭づくりをしています。

　ここで注意したいのが、ハーディネスゾーンは気温を基準に設定され、積雪の恩恵は考慮されていないということです。積雪によって地中温度は下がりにくくなり、冷たい外気の影響も受けにくくなります。そのため、自分の庭のハーディネスゾーンだけでなく、積雪量を知ることも宿根草を選ぶうえでとても重要になります。

ゾーンナンバー	最低気温	該当都市（多雪地域）	該当都市（少雪地域）
Z3	−40℃〜−34.4℃	朝日など	
Z4	−34.3℃〜−28.9℃	士別、名寄、占冠など	陸別など
Z5	−28.8℃〜−23.3℃	旭川、北見、富良野、倶知安、岩見沢など	帯広、穂別、鶴居、中標津など
Z6a	−23.2℃〜−20.6℃	月形、恵庭、羽幌、網走、小樽、厚真など	釧路、白糠、紋別、湧別など
Z6b	−20.5℃〜−17.8℃	札幌、余市、留萌、真狩、稚内、羅臼など	三石、広尾、鵡川、礼文など
Z7a	−17.7℃〜−15.0℃	函館、増毛など	苫小牧、浦河、根室など
Z7b	−14.9℃〜−12.2℃	岩内、利尻など	南芽部など
Z8	−12.1℃〜−6.7℃		室蘭、松前、江差、えりも岬など

図4 北海道各地のハーディネスゾーン

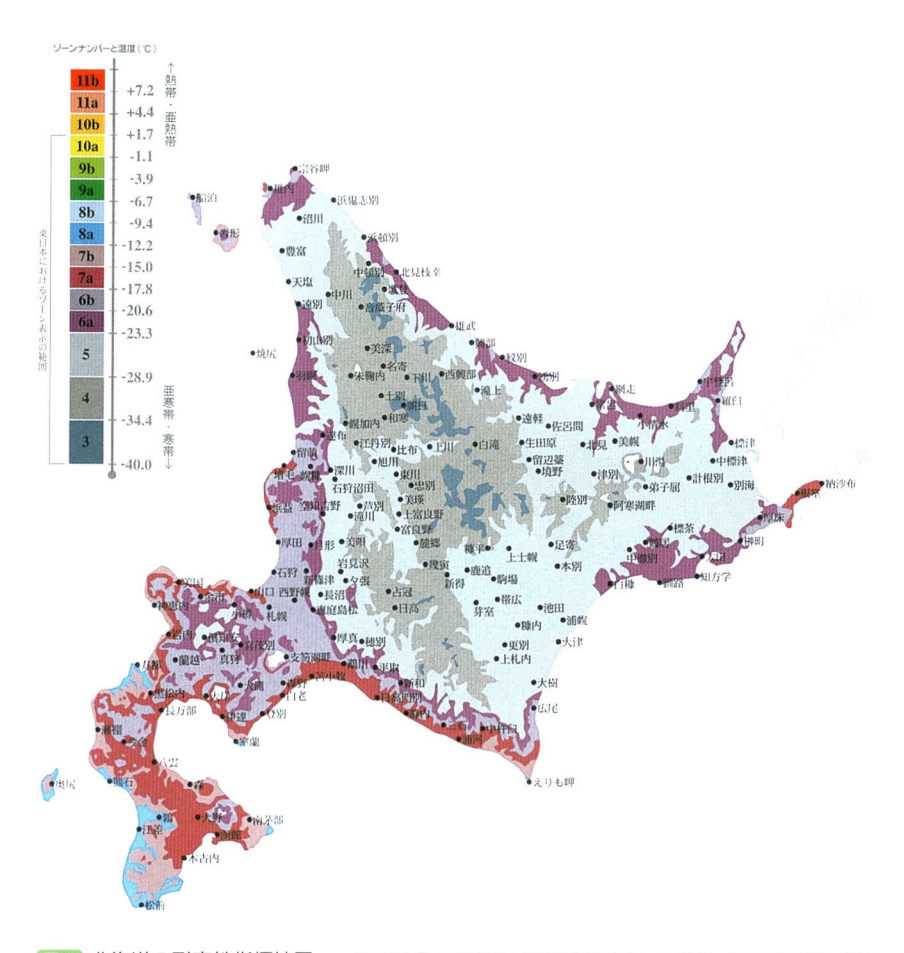

図5 北海道の耐寒性指標地図　※出典:「日本花名鑑」(植物耐寒限界ゾーン地図・東日本) アボック社

宿根草を知ろう　北海道の気候と植物の耐寒性

25

マイクロクライメイトを知る

自分の庭の気候を調べよう

　ハーディネスゾーンマップだけで、自分の庭や花壇の気候条件を読み取ることはできません。同じ地域でも街中と山野や海岸では、積雪、風、湿度、温度、土壌が異なります。さらに自分の庭にフォーカスを当ててみても、周囲の建物や塀、さらには既存の植物などの影響を受け、一歩ずれるだけでも小さな気候条件の違いがみられます。このような狭い範囲の気候のことをマイクロクライメイト（微気象）といいます。自分の庭のマイクロクライメイトを知り、環境に合った植物選びにいかしましょう。

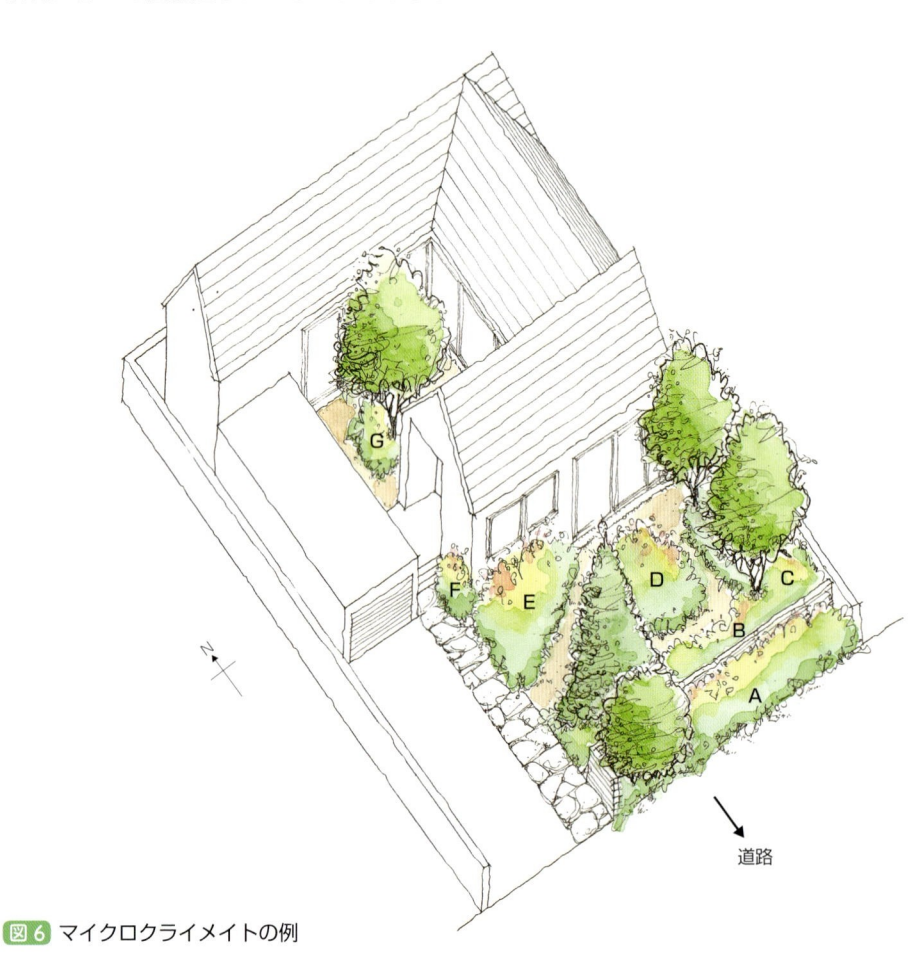

図6 マイクロクライメイトの例

マイクロクライメイトをつくる

　どうしても植えたい宿根草が庭の気候条件と合わなければ、その環境をつくることも方法の一つとして考えられます。例えば、

　・樹木の移植や撤去で日当たりのよい場所をつくる
　・樹木の移植や植栽で日陰をつくる
　・生け垣や塀で風を防ぐ
　・土壌改良を行う
　・排雪場所を工夫する

　などが挙げられます。ただし、これらでつくられる気候の差異はほんのわずかなものです。地域の気候条件を十分に把握することがやはり大切だといえるでしょう。

A：南向きで日当たりはよいが、道路に面していて風が強い。また、冬期間は道路からの排雪による圧力が強い
B：塀と既存樹でほぼ一日中、日陰になる。風の影響を受けにくい
C：隣家との境界の塀と既存樹により、午前中は日当たりが悪い。西日はよく当たる
D：日当たり、通気性ともによい。やや盛り土になっていて、水はけも他よりよく、乾燥気味
E：日当たりは一日中よい。建物の壁からの反射熱もあり、温度も他よりやや高め。冬期間はアプローチからの排雪がある
F：西日がよく当たり、夏は温度も高い
G：中庭。周囲を壁に囲まれ通気性はよくない。日の高い時間は明るい。レンガ舗装の反射により、主庭に比べると夏の温度はやや高い

イギリスの庭を訪ねて

宿根草を楽しんできた歴史が長いイギリスのガーデン。気候条件に類似点が多くある北海道ではとても参考になります。

1 初夏の花壇。宙に浮かぶように点在するアリウムと、空に向かって垂直に伸びるデルフィニウムやサルウィアの花形のコントラストがおもしろい（イースト・サセックス州グレート・ディクスター）

2 自由奔放に増える植物を愛する。わずかな隙間から成長するエリゲロンが重厚な構造物の雰囲気を和らげ、調和させている（イースト・サセックス州グレート・ディクスター）

3 早春から咲き始めるスノードロップは、暗くじめじめした冬を耐えるイギリス人が大好きな花。クリスマスローズとともに1月下旬から庭を彩る（イースト・サセックス州グレート・ディクスター）

4 水辺の庭。自然の風景のように見える場所にも、計算された植栽がされている（ウェスト・サセックス州ウェイクハースト）

5 雨が少なく砂利だらけで不毛の地といわれる場所に美しい庭をつくった、イギリスを代表するプランツウーマン、ベス・チャトー。環境に適応する植物選びの大切さを教えてくれる庭（エセックス州ベス・チャトーガーデン）

6 同じくベス・チャトーがつくった水辺の庭。一つの庭の中に存在する異なる環境を生かしたすばらしい例。ぜひ一度訪れたい

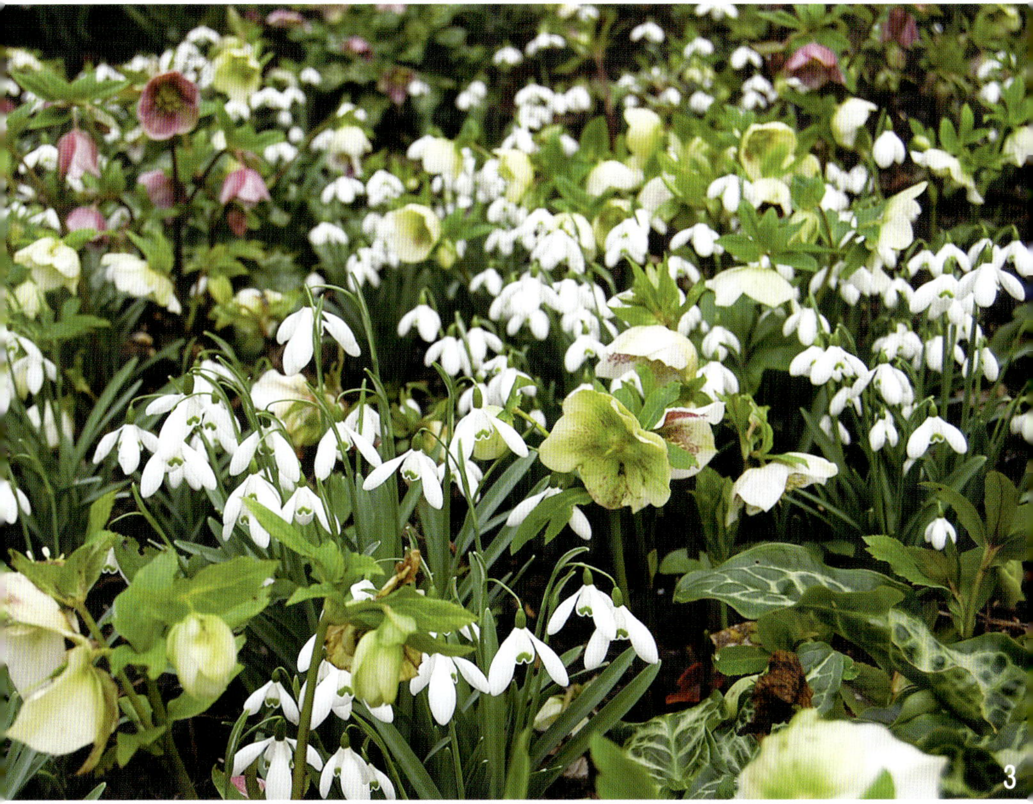

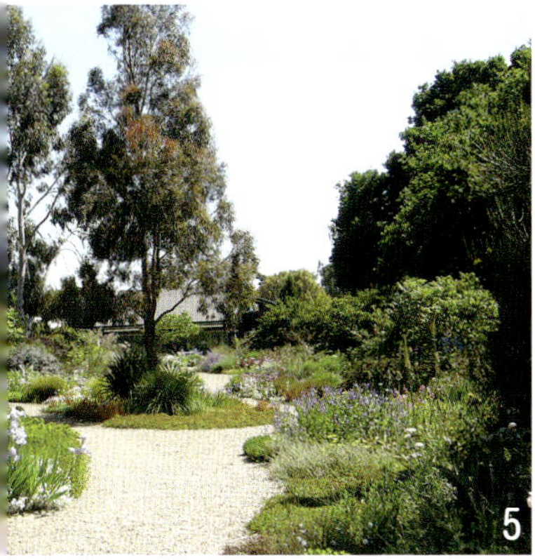

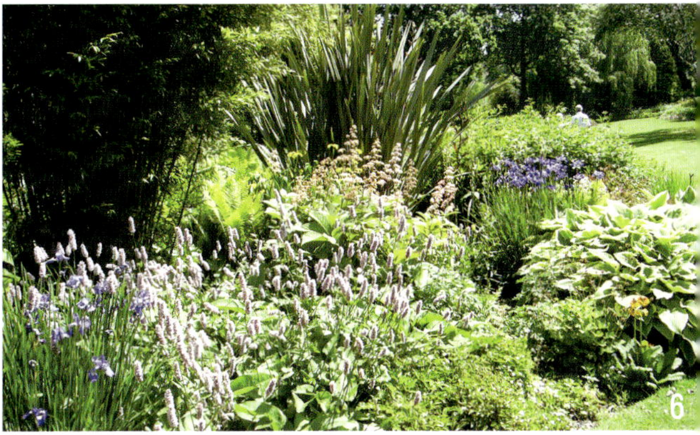

宿根草を知ろう　イギリスの庭を訪ねて

1 花がなくても、葉形や草姿のコントラストだけで十分に楽しむことができる（サリー州サヴィルガーデン）

2 日陰の庭を鮮やかに彩るアスティルベやプリムラ。環境や気候によって開花のタイミングはまちまちだが、試行錯誤して自分なりの植物の組み合わせを探すのも楽しみの一つ（サリー州サヴィルガーデン）

3 グラスや常緑種、シードヘッドに霜が降り、朝日に輝く。花が終わっても、宿根草はシーズン終盤まで楽しませてくれる（サリー州サヴィルガーデン）

4 コッツウォルズ地方の民家。石積みの塀を覆うように旺盛に成長するケントランツス。独特のはちみつ色の壁ともよく合う

5 エキナケアがまるで自然に増えたかのように点在している。ナチュラルな植栽は現在、人気のあるスタイル（ウォキング州ウィズリーガーデン）

6 ウィズリーガーデンの見事なボーダー。高さ、色彩、質感、背景や園路に至るまで、すべてが計算されている

30

31

1 コッツウォルズ地方のかやぶき屋根の住宅や塀の足元を和らげる植栽は、多くの種類を使わずシンプルに。大きなグラスがフォーカルポイントになっている

2 黄色や白、シルバーリーフをメーンにさわやかな印象。ちょうどよいバランスで青花が添えられている（エセックス州ベス・チャトーガーデン）

3 草姿のコントラストがはっきりとした組み合わせは、光の差し方にも違いが表れ、幻想的な雰囲気をつくる。色あせてくる季節も楽しむことができる（ウォキング州ウィズリーガーデン）

宿根草を知ろう　イギリスの庭を訪ねて

2章
庭をつくろう

理想の庭を思い描く時間は、とても心が弾みます。もちろん、自分の好みに合わせて自由にデザインして構わないのですが、事前に決めておきたいことがいくつかあります。植物を選ぶ前に、よく計画を練りましょう。
道内の庭園で出合った、印象的なシーンも取り上げます。デザインの参考にしてください。

庭のスタイルと植栽デザイン

花壇の基本計画

花壇に植える植物を選ぶ前に、以下のような手順で計画を立てましょう。

①スタイルを決める

　花壇の植栽デザインを始めるにあたり、まずどんなスタイルにするのかを決めます。なによりも自分の好きな雰囲気や夢が反映されるところですが、家の外観、現在の庭の様子や周囲の景観、また家族構成や庭の管理にかけられる手間などから、おのずと方向性は決まるかもしれません。

　では、花壇のスタイルとは具体的にどんなものがあるのでしょうか。

ボーダー

帯状の細長い花壇のこと。中低木と宿根草を組み合わせてつくるボーダーをミックスボーダーとも呼びます

ドライガーデン

火山れきや砂利を多く含む土壌を利用して、やせた土地や乾燥に耐える植物を集めた花壇です。水やり、肥料いらずのローメンテナンス（手のかからない）スタイルです

シェードガーデン（日陰の庭）

建物や高木の陰になるエリアでは、日陰に強い植物を組み合わせます。日陰でも華やかで明るい花壇ができます

ボグガーデン（湿地や水辺の庭）

常に土壌が湿っているような場所や水際でも、適切な植物を選べば個性のある花壇をつくることができます

コテージガーデン

19世紀後半のイギリスで流行したスタイル。自然風で不規則なレイアウト、やや密集した植え込みで、花色を絵の具にして庭に絵を描くようにつくられた花壇です

ロックガーデン

石や岩を組んでつくった花壇に高山植物などを植えます。高山植物にこだわらず、同様の雰囲気をもつ植物を取り入れてもよいでしょう

庭をつくろう　庭のスタイルと植栽デザイン

ホワイトガーデン

白い花、白い斑(ふ)入りの葉やシルバーリーフなどを組み合わせた花壇。他に青や赤、黄色などをメーンテーマにしたものもあります

ナチュラルガーデン

自然の風景をまねてつくる花壇。こぼれダネや地下茎で増える草花も計算に入れながら管理する、やや難易度の高い花壇です

ウッドランドガーデン

木々の株元や林の縁などにつくる花壇。春は日当たりがよく、夏以降は日陰をつくりやすくなるのが特徴です

季節の花壇

季節をテーマにするのもよいでしょう。ただし、その他の季節にも違う表情が見られるよう、植栽の工夫が必要です(写真は秋の花を集めたオータムボーダー)

　ここに挙げた以外にもたくさんのスタイルがあり、また複数のスタイルをミックスさせることもできます。自由な発想でプランを立ててください。

②メーンの季節を決める

　花壇はできれば春から秋まで、常に華やかにしたいと願いますが、そのなかでも「特にこの時季に一番の見ごろをつくりたい」という季節を決めます。そのときに見ごろを迎える宿根草を重点的に選び、それを補てんするように別の季節の宿根草を加えていくとよいでしょう。

③色を決める

　花壇全体をどんな色合いにするか決めておきましょう。ここでも自分の好みやセンスがいかされます。自信がなければ、もう一度家の外観や周囲の風景を観察し、外壁や屋根の色、庭に現在ある木や花の色などを参考にしてみてください。

　決まったルールはありませんが、カラーチャートが参考になります。隣同士の色でグラデーションをつくったり、反対側の色を組み合わせてコントラストをはっきりさせるとうまくいきますよ。

カラーチャート

カラーチャートを参考に対照的な色を選ぶ

コントラストがはっきりした色の組み合わせ

紫系の色でグラデーションをつくる

さわやかな印象の組み合わせ

宿根草選びのポイント

庭のスタイルが決まったら、そこに植える宿根草を選びます。

草丈

さまざまな草丈の宿根草で高低差を楽しみます。低いものを前方、高いものを後方に配置するのが原則ですが、必ずしもそうする必要はありません。質感や形によっては、花壇の中央や前面に背の高い植物を配置することでリズムが生まれたり、奥行き感を演出することができ、個性的な花壇になります。

あえて背の高いものを手前に植えることも

草姿

垂直方向にすっと伸びるものもあれば、こんもり茂るもの、地面を這うように成長するものもあります。それらをうまく組み合わせるとよいでしょう。

さまざまな草姿の宿根草を組み合わせる

花の形と質感

線のように細長い房状に咲く花や花弁の大きな花、点のように小さく咲く花などを効果的に組み合わせましょう。また、質感にも注目して、ふわふわしたものや光沢のあるものなどを意識して選びます。

異なる形や質感の花の組み合わせ

葉の形と質感

　宿根草は開花期が短いので、葉の形や質感はとても大切です。葉の美しいものを選べば長い期間を楽しめます。

花がなくても葉の形で十分に楽しむことができる

フォーカルポイントをつくる

　構造物や高木だけでなく、宿根草でもフォーカルポイント（視線を集める見せ場のこと）をつくることができます。高さや色、形のアクセントを利用して効果的に配置しましょう。

背の高い植物や葉の大きい植物、グラス類などは花壇の中でもよく映える

植栽図をつくってみよう

どの場所にどんな植物を植えるのか、考えを整理して具体化するには植栽図をつくるのが一番です。

例として、赤紫〜青紫色を使ったコテージスタイルの庭をデザインしてみました。メーンの季節は8月に設定しています。

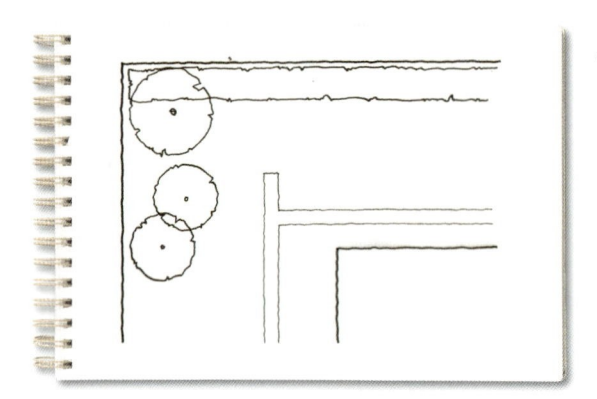

①花壇と通路、既存の植物を描き込む

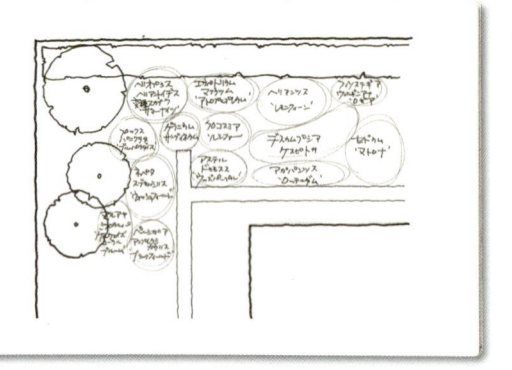

②植えたい植物を加えていく

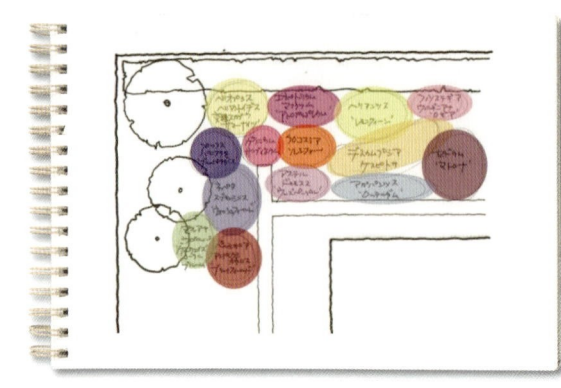

③色を塗って、配色のバランスを確認

④正面から見た絵を描き、成長後の高さや幅をイメージする

> ゲラニウム・サングイネウムが埋もれていて、後ろのヘリオプシスとの高低差も大きいかも

⑤調整する
（③と④を見ながら、②でつくった植栽図を変えていく）

> ゲラニウム・サングイネウムをもう少し背の高い品種に変更しよう

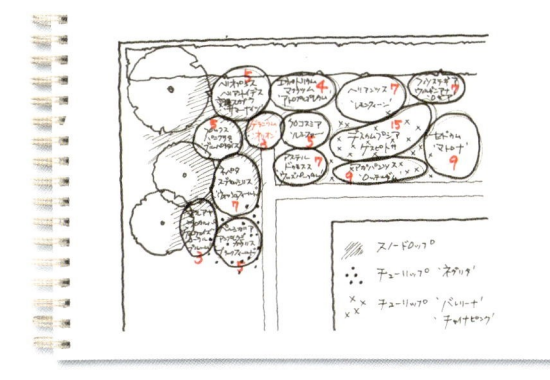

⑥植栽する株数を記入して完成

> 春から初夏が寂しいので、チューリップなどの球根も植えておこう

　完成した植栽図をもとにして花壇に苗を配置しますが、植栽図と全く同じである必要はありません。配置した苗をいろいろな角度から実際の目線で確認し、位置を変えたり量を変えたりして植え込む場所を決めます。

庭をつくろう　庭のスタイルと植栽デザイン

道内の植栽を参考に

北海道内のガーデンや公園で見られる宿根草の組み合わせやデザインは、バリエーション豊富でテーマもさまざま。同じような気候帯の場所を探して、参考にしてみてはいかがでしょう。

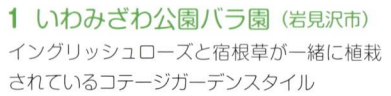

1 いわみざわ公園バラ園（岩見沢市）
イングリッシュローズと宿根草が一緒に植栽されているコテージガーデンスタイル
❶ゲラニウム
❷ホスタ
❸アスティルベ

2 道立オホーツク公園てんとらんど（網走市）
春一番の組み合わせ。花後に葉もカラーリーフとして楽しめる
❶ランプロカブノス（タイツリソウ）
❷ブルネラ

3 十勝千年の森（清水町）
宿根草を一見ランダムに植栽したメドウガーデン。立つ位置によって景観が変化する
❶セイヨウカノコソウ
❷アスティルベ
❸コレオプシス
❹サングイソルバ

4 えこりん村 銀河庭園（恵庭市）
風に揺れるグラスの穂とガウラが優しい印象を与える
❶カラマグロスティス
❷ガウラ

43

5　新冠温泉レ・コードの湯　ホテルヒルズ（新冠町）

切り戻しで花期を延ばすことのできる宿根草で構成した花壇
- ❶ケントランツス
- ❷サルヴィア
- ❸ネペタ

6　ニドムフラワーガーデン　シピリカ　（苫小牧市）

背の高いユリが点在することで、花壇全体にリズムが生まれる
- ❶モナルダ
- ❷ユリ
- ❸エキナケア
- ❹フロクス

7　風のガーデン（富良野市）

こんもりした固まりの間からのぞく縦のラインがアクセントに
- ❶モナルダ
- ❷リグラリア
- ❸ペルシカリア

8　空の庭（真狩村）

花が終わっても、花がらと紅葉で魅力的なシーンになる
- ❶アムソニア
- ❷クレマティス

庭をつくろう　道内の植栽を参考に

45

庭をつくろう　道内の植栽を参考に

9 大雪 森のガーデン（上川町）
宿根草を数株ずつまとめて植栽することでダイナミックな印象を与える
❶ゲラニウム
❷エキナケア
❸スッキサ

10 道立サンピラーパーク（名寄市）
花が終わったリグラリアは、シードヘッドを残してアクセントに
❶エウパトリウム
❷エキナケア
❸リアトリス

3章
北国におすすめの宿根草

世界各地からやってきた宿根草は、さまざまな姿や性格をしています。数あるなかから自分の庭に合うものを選択し、花期の異なる種類を上手に組み合わせて、自分だけの開花リレーを実現させましょう。

本章では、日なた向きと半日陰・日陰向きに分け、北海道で育てやすい種類を選びました。

野に育つススキのように、美しい穂とスマートな葉を持つ「オーナメンタルグラス」にも注目です。華やかさはないものの、風に揺れるスタイリッシュな姿は他の宿根草と趣を異にします。宿根草を引き立て、秋には庭の主役になるでしょう。

日なたの庭に向く品種

Acaena
アカエナ
ニュージーランドバー

- 【科　名】バラ科
- 【原産地】南半球、米国カリフォルニア州・ハワイ州
- 【栽培適地】日なた
- 【土　質】乾燥～ふつう
- 【花　期】夏
- 【使い方】グラウンドカバー、花壇の手前
- 【一緒に】カレクス、ユッカ、フェスツカ
- 【スタイル】ドライガーデン、ロックガーデン

花弁がなく、細い針のようなものを無数に付けた球状の花序が特徴。英名は「ニュージーランドのイガイガ」という意味。100種ほどあるが、その多くが美しい色の葉と地面を這う性質をもつ。

A. inermis
イネルミス
- 【草丈】10 cm
- 【草姿】低く広がる

Z6 花 葉

A. inermis 'Purpurea'
イネルミス 'プルプレア'

Achillea
アキレア（ノコギリソウ）

- 【科　名】キク科
- 【原産地】北半球の温帯～寒帯
- 【栽培適地】日なた～半日陰
- 【土　質】乾燥～ふつう
- 【花　期】夏
- 【使い方】花壇中段
- 【一緒に】グラス類、エキナケア、サルウィア、ルドベキア
- 【スタイル】コテージガーデン、ボーダー、ナチュラルガーデン

葉のギザギザ（鋸歯）が特徴。風に揺れる姿は野趣がある。こぼれダネで増えやすく、バランスを見て選択的除草をしながら花壇づくりをするのも楽しい。連作障害が比較的早く出るので、弱る前に株分けして更新したい。

A. millefolium
ミレフォリウム（セイヨウノコギリソウ）
ヤロウ
- 【草丈】60～80 cm
- 【草姿】すらっとしている

Z3 花

A. millefolium 'Weisses Wunder'
ミレフォリウム 'ヴァイセス・ヴンダー'

A. millefolium 'Terracotta'
ミレフォリウム 'テラコッタ'

多くの園芸品種があり、花色も豊富

Agapanthus
アガパンツス
アガパンサス

- 【科　　名】ヒガンバナ科
- 【原 産 地】アフリカ南部
- 【栽培適地】日なた
- 【土　　質】ふつう〜やや湿潤
- 【花　　期】夏
- 【使 い 方】花壇前方〜中段
- 【一 緒 に】エウパトリウム、エキナケア、グラス類
- 【スタイル】ボーダー、ホワイトガーデン、コンテナガーデン

青や白色の花を丸い花序に咲かせる。落葉種は常緑種よりも寒さに強い。花後のシードヘッドも美しいので、花がらを切らずに秋まで楽しもう。道内ではマルチングをして越冬を。コンテナ植えの方が花つきがよい。

A. 'Rotterdam'
'ロッテルダム'

- 【草丈】70〜80 cm
- 【草姿】すらっとしている

Z7 花 種

花は薄い青紫色で、上品な雰囲気。落葉性

A. 'Black Buddhist'
'ブラック・ブッディスト'

- 【草丈】60〜90 cm
- 【草姿】すらっとしている

Z6 花 種

茎と蕾が黒っぽく、濃い紫色の花が咲く。落葉性

A. 'Duivenbrugge White'
'デュイウェンブルッゲ・ホワイト'

- 【草丈】100〜120 cm
- 【草姿】すらっとしている

Z7 花 種

落葉性

A. 'Polar Ice'
'ポーラー・アイス'

- 【草丈】60〜80 cm
- 【草姿】すらっとしている

Z7 花 種

落葉性

北国におすすめの宿根草　日なたの庭に向く品種

Agastache
アガスタケ（カワミドリ）

【科　　名】	シソ科
【原 産 地】	中国、日本、米国、メキシコ
【栽培適地】	日なた〜半日陰
【土　　質】	やや乾燥〜ふつう
【花　　期】	夏
【使 い 方】	花壇の手前〜中段
【一 緒 に】	ヘレニウム、エキナケア、エキノプス
【スタイル】	ボーダー、コテージガーデン

A. rugosa
ルゴサ（カワミドリ）
【草丈】40〜100 cm
【草姿】すらっとしている

Z8　花　香

やや乾燥ぎみの場所を好む。花序は細長く、穂のようになる。茎や葉の香りが大変よいので、園路沿いなどに植えると楽しめる。やせ地でも育つ強健性がある。

A. rugosa 'Golden Jubilee'
ルゴサ'ゴールデン・ジュビリー'

Ageratina
アゲラティナ（マルバフジバカマ）

【科　　名】	キク科
【原 産 地】	北米東部、中米の一部
【栽培適地】	日なた
【土　　質】	やや乾燥〜やや湿潤
【花　　期】	秋
【使 い 方】	花壇の前方〜中央、群生
【一 緒 に】	フロクス、ペルシカリア、グラス類
【スタイル】	ボーダー、ホワイトガーデン、オータムボーダー

A. altissima
アルティッシマ（マルバフジバカマ）
ユーパトリウム・ルゴスム
【草丈】150〜180 cm
【草姿】こんもりしている

Z6　花　種　茎

白や薄いピンクの花は、線のように細い花弁が集まり房状になっている。以前はエウパトリウム（ヒヨドリバナ）属に分類されていた。外来種だが和の趣もあり、和風の場面に似合う。

A. altissima 'Chocolate'
アルティッシマ'チョコレート'
銅葉フジバカマ

Alchemilla

アルケミラ（ハゴロモグサ）

レディースマントル

- 【科　　名】バラ科
- 【原産地】北半球の温帯、熱帯アフリカ・インド・スリランカ・インドネシアの山地
- 【栽培適地】日なた〜半日陰
- 【土　　質】やや乾燥〜やや湿潤
- 【花　　期】夏
- 【使い方】花壇の手前、グラウンドカバー、園路の縁取り
- 【一緒に】スタキス・ビザンティナ（ラムズイヤー）、イリス・シビリカ、ゲラニウム
- 【スタイル】ボーダー、コテージガーデン

葉の美しさと、きめ細かな泡のように咲く花が魅力。葉が開く時期も早く、シーズン終盤までグラウンドカバーとして使える。こぼれダネで増えやすい。雑草化するので花後すぐに花がらを切り去る。

A. mollis
モリス
- 【草丈】50〜60 cm
- 【草姿】こんもりしている

Z3 花 葉

庭でもっともよく使われる定番種

A. erythropoda
エリスロポダ
- 【草丈】20〜30 cm
- 【草姿】こんもりしている

Z3 花 葉

モリスより草姿も葉もコンパクト

A. alpina
アルピナ
- 【草丈】8〜15 cm
- 【草姿】低く広がる

Z2 花 葉

光沢のある葉が特徴。じゅうたんのように広がる

A. sericata
セリカタ
- 【草丈】20〜30 cm
- 【草姿】こんもりしている

Z3 花 葉

A. sericata 'Gold Strike'
セリカタ 'ゴールド・ストライク'

北国におすすめの宿根草 / 日なたの庭に向く品種

Allium
アリウム（ネギ）

- 【科　　名】ヒガンバナ科
- 【原 産 地】北半球
- 【栽培適地】日なた
- 【土　　質】乾燥〜やや乾燥
- 【花　　期】夏
- 【使 い 方】宿根草の株間、花壇前方〜中段
- 【一 緒 に】ゲラニウム、エウフォルビア
- 【スタイル】ボーダー、ドライガーデン、キッチンガーデン

ネギやニンニクも同じ仲間。小さな星形の花が球状の花序になって咲く。花序の形、密度は種類によって異なる。多くの種類が球根を持ち、植栽適期は秋。種によってウイルスが入りやすいものもあるので、媒介するアブラムシには要注意。

A. senescens
セネスケンス
- 【草丈】8〜60 cm
- 【草姿】すらっとしている

Z5　花

丈夫で耐寒性がある。植えっぱなしでOK

A. sphaerocephalon
スファエロケファロン
- 【草丈】8〜60 cm
- 【草姿】すらっとしている

Z5　花

赤紫色の花序は小さい。植えっぱなしでOK

A. schoenoprasum
スコエノプラスム（セイヨウアサツキ）
チャイブ
- 【草丈】30〜60 cm
- 【草姿】外向きに広がる

Z5　花

食用になる。日本のアサツキとは別種。植えっぱなしでOK

A. cernuum
ケルヌウム
- 【草丈】30〜60 cm
- 【草姿】すらっとしている

Z6　花

垂れ下がるように花序がつく。植えっぱなしでOK

A. hollandicum
ホランディクム
【草丈】90〜100 cm
【草姿】すらっとしている
Z6 花 種

A. hollandicum 'Purple Sensation'
ホランディクム 'パープル・センセーション'

葉が枯れたら球根を掘り上げる

A. stipitatum
スティピタツム
【草丈】140〜150 cm
【草姿】すらっとしている
Z8 花 種

A. stipitatum 'Mount Everest'
スティピタツム 'マウント・エベレスト'

葉が枯れたら球根を掘り上げる

A. karataviense
カラタウィエンセ
【草丈】10〜25 cm
【草姿】こんもりしている
Z8 花

A. karataviense 'Ivory Queen'
カラタウィエンセ 'アイボリー・クイーン'

花茎が短く、葉は幅広。葉が枯れたら球根を掘り上げる

A. vineale
ウィネアレ
【草丈】40〜60 cm
【草姿】すらっとしている
Z5 花

A. vineale 'Hair'
ウィネアレ 'ヘアー'

髪の毛のような花序が人気。植えっぱなしでOK

A. cristophii
クリストフィイ
【草丈】30〜60 cm
【草姿】すらっとしている
Z9 花

花序が大きい。葉が枯れたら球根を掘り上げる

A. carinatum subsp. *pulchellum*
カリナツム・プルケルム
【草丈】30〜60 cm
【草姿】すらっとしている
Z7 花

花がらが垂れ下がる。植えっぱなしでOK

北国におすすめの宿根草 | 日なたの庭に向く品種

Alyssum
アリッスム
アリッサム

- 【科　　名】アブラナ科
- 【原 産 地】ヨーロッパ中央・南部、アフリカ北部、アジア南西・中央部
- 【栽培適地】日なた
- 【土　　質】乾燥〜やや乾燥
- 【花　　期】春
- 【使 い 方】花壇の手前、石積みの間、グラウンドカバー
- 【一 緒 に】カレクス、フェスツカ、原種系チューリップ
- 【スタイル】ドライガーデン、ロックガーデン

　一年草、宿根草、亜低木まで幅広い。多くは黄色や白の花を晩春から初夏に咲かせる。乾燥に大変強い。

A. wulfenianum
ヴルフェニアヌム
- 【草丈】10〜15 cm
- 【草姿】低く広がる

Z7　花

マット状に広がり、銀葉に黄花が調和する

Anchusa
アンクサ（ウシノシタグサ）
アンチューサ

- 【科　　名】ムラサキ科
- 【原 産 地】ヨーロッパ、アフリカ、アジア西部
- 【栽培適地】日なた
- 【土　　質】ふつう〜やや湿潤
- 【花　　期】夏
- 【使 い 方】花壇前方〜中段（種類による）
- 【一 緒 に】イリス、クナウティア、ゲラニウム
- 【スタイル】ボーダー、コテージガーデン

　主に青〜青紫色の花を咲かせ、形はワスレナグサに似ている。一・二年草もあるので使い分けたい。大型種はボリュームが出て、あいたスペースを埋めるには最適。

A. azurea
アズレア（ウシノシタグサ）
- 【草丈】90〜150 cm
- 【草姿】すらっとしている

Z3　花

A. azurea
アズレア

A. azurea 'Little John'
アズレア 'リトル・ジョン'

北国におすすめの宿根草　日なたの庭に向く品種

Amsonia
アムソニア（チョウジソウ）

【科　　名】	キョウチクトウ科
【原産地】	ヨーロッパ南西部、トルコ、日本、北米北東・中央部
【栽培適地】	日なた〜半日陰
【土　　質】	ふつう〜やや湿潤
【花　　期】	春〜夏
【使い方】	花壇の手前〜中段
【一緒に】	ゲラニウム、アストランティア、シンフィオトリクム（アスター）
【スタイル】	ボーダー、オータムボーダー、コテージガーデン

涼しげな青い花が、春の終わりごろから咲き始める。秋になると葉が黄色くなり大変美しい。生育旺盛で比較的短期間で場面を埋める。

A. hubrichtii
フブリクティイ

【草丈】60〜90 cm
【草姿】すらっとしている　Z5　花　紅

葉が針葉樹のように細く、黄葉が格別に美しい

A. illustris
イルストリス

【草丈】120 cm
【草姿】すらっとしている　Z5　花　紅

A. orientalis
オリエンタリス

【草丈】50 cm
【草姿】すらっとしている　Z8　花　紅

A. tabernaemontana
タベルナエモンタナ（ヤナギバチョウジソウ）

【草丈】60 cm
【草姿】こんもりしている　Z8　花　紅

A. tabernaemontana var. *salicifolia*
タベルナエモンタナ・サリキフォリア

北国におすすめの宿根草　日なたの庭に向く品種

Anemone
アネモネ(イチリンソウ)

- 【科　　名】キンポウゲ科
- 【原 産 地】北半球、南半球の一部
- 【栽培適地】日なた〜半日陰
- 【土　　質】やや乾燥〜やや湿潤
- 【花　　期】種類による

種類により育つ場所や、開花の時期が違うので、さまざまなシーンで楽しみたい。花は浅いカップ形や皿形に花弁を広げる。背の高い種は庭の花壇、小さな種は自然な風景によく溶け込む。

A. blanda
ブランダ

- 【花　　期】春
- 【草　　丈】15 cm
- 【草　　姿】低く広がる
- 【使 い 方】花壇前方、落葉樹の株元
- 【一 緒 に】春咲き球根
- 【スタイル】ウッドランドガーデン、ナチュラルガーデン

Z5 花

A. flaccida
フラッキダ(ニリンソウ)

- 【花　　期】春
- 【草　　丈】20 cm
- 【草　　姿】こんもりしている
- 【使 い 方】花壇前方、落葉樹の株元、水辺
- 【一 緒 に】春咲き球根
- 【スタイル】ナチュラルガーデン、ボグガーデン

Z6 花

水はけはよいが湿った土を好む

A. nemorosa
ネモロサ(ヤブイチゲ)

- 【花　　期】春
- 【草　　丈】8〜15 cm
- 【草　　姿】こんもりしている
- 【使 い 方】花壇前方、落葉樹の株元
- 【一 緒 に】春咲き球根
- 【スタイル】ウッドランドガーデン

Z5 花

水はけはよいが湿った土を好む

A. nemorosa 'Flore Pleno'
ネモロサ'フローレ・プレーノ'

北国におすすめの宿根草　日なたの庭に向く品種

A. coronaria
コロナリア（ボタンイチゲ）

Z8 花

- 【花　　期】春
- 【草　　丈】30～45 cm
- 【草　　姿】すらっとしている
- 【使い方】落葉樹の株元
- 【一緒に】春咲き球根
- 【スタイル】ナチュラルガーデン、コテージガーデン

A. coronaria St. Bridgid Group
コロナリア 'セント・ブリジッド・グループ'

> コロナリアの八重咲き種グループ。花色はさまざま

A. sylvestris
シルウェストリス（バイカイチゲ）

Z4 花

- 【花　　期】夏
- 【草　　丈】30～50 cm
- 【草　　姿】こんもりしている
- 【使い方】落葉樹の株元、グラウンドカバー
- 【一緒に】イリス、アストランティア
- 【スタイル】ボーダー、ナチュラルガーデン

> 耐寒性があり、強健

A. virginiana
ウィルギニアナ

Z4 花 種

- 【花　　期】夏
- 【草　　丈】30～50 cm
- 【草　　姿】すらっとしている
- 【使い方】花壇中段
- 【一緒に】ネペタ、サルウィア、ゲラニウム、グラス類
- 【スタイル】ボーダー、ナチュラルガーデン

> シードヘッドが個性的

A. hupehensis
フペヘンシス

シュウメイギク

Z6 花

- 【花　　期】秋
- 【草　　丈】50～80 cm
- 【草　　姿】こんもりしている
- 【使い方】花壇中段
- 【一緒に】シンフィオトリクム、グラス類
- 【スタイル】ボーダー、ナチュラルガーデン

> シュウメイギクの基本種。他の園芸品種群もシュウメイギクとして流通している場合がある

北国におすすめの宿根草　日なたの庭に向く品種

Aquilegia
アクイレギア（オダマキ）
アキレギア

- 【科　　名】キンポウゲ科
- 【原 産 地】北半球
- 【栽培適地】日なた〜半日陰
- 【土　　質】ふつう〜やや湿潤
- 【花　　期】夏
- 【使 い 方】花壇前方〜中段
- 【一 緒 に】ゲラニウム、アストランティア、デスカンプシア
- 【スタイル】ボーダー、コテージガーデン

すらりと伸びた花茎に咲く花は、色もさまざま。種類によるが、グレーがかった葉も美しい。こぼれダネで増えやすい。夏以降、地上部がさみしくなるので、他の宿根草と上手に組み合わせて使いたい。

A. vulgaris
ウルガリス（セイヨウオダマキ）
- 【草丈】90 cm
- 【草姿】すらっとしている　Z4 花

A. vulgaris 'Alba'
ウルガリス 'アルバ'

A. vulgaris 'Bordeaux Barlow'
ウルガリス 'ボルドー・バーロウ'

A. vulgaris 'Rose Barlow'
ウルガリス 'ローズ・バーロウ'

A. chrysantha
クリサンタ（キバナオダマキ）
- 【草丈】90 cm
- 【草姿】すらっとしている　Z3 花

A. alpina
アルピナ
- 【草丈】45 cm
- 【草姿】すらっとしている　Z5 花

Armeria
アルメリア

- 【科　　名】イソマツ科
- 【原 産 地】ヨーロッパ、トルコ、アフリカ北部、南米、北米
- 【栽培適地】日なた
- 【土　　質】乾燥〜やや乾燥
- 【花　　期】夏
- 【使 い 方】花壇の前方、園路の縁取り、グラウンドカバー
- 【一 緒 に】フェスツカ、ティムス
- 【スタイル】ロックガーデン、ドライガーデン

　小さな球状の花序に小花がみっちりと咲く。花色は種類によるが、鮮やかで目を引く。コンパクトなので、レンガや石で積み上げた花壇に植えると水はけが確保され、花も目線で楽しめる。

A. maritima
マリティマ

- 【草丈】20 cm
- 【草姿】こんもりしている

Z4 花

A. maritima 'Alba'
マリティマ 'アルバ'

Artemisia
アルテミシア(ヨモギ)

- 【科　　名】キク科
- 【原 産 地】北半球、アフリカ南部、南米西部
- 【栽培適地】日なた
- 【土　　質】乾燥〜やや乾燥
- 【花　　期】夏
- 【使 い 方】グラウンドカバー、石積みなどの隙間
- 【一 緒 に】カレクス、ディアンツス、ネペタ
- 【スタイル】ロックガーデン、ドライガーデン

　低木から宿根草、一年草まで種類は豊富にあるが、宿根草は扱いやすく人気。伸びた茎を株元まで切り戻し、コンパクトに保つことができる。シルバーリーフが魅力。

A. schmidtiana
スミデュティアナ(アサギリソウ)

- 【草丈】30 cm
- 【草姿】低く広がる

Z4 葉

北国におすすめの宿根草 — 日なたの庭に向く品種

Arum
アルム

【科　名】	サトイモ科
【原産地】	ヨーロッパ南部、アフリカ北部、アジア西部～ヒマラヤ西部
【栽培適地】	日なた～半日陰
【土　質】	ふつう～やや湿潤
【花　期】	夏
【使い方】	グラウンドカバー、落葉樹の株元、花壇の前方
【一緒に】	ガランツス、シクラメン、イリス・レティクラタ
【スタイル】	ホワイトガーデン、コテージガーデン、ウッドランドガーデン

A. italicum
イタリクム
【草丈】30 cm
【草姿】低く広がる

Z6　花　葉　実

葉の模様が美しい。秋植えの球根で、植えるとすぐに葉が出て雪の下で越冬、もしくは雪解け後に葉が開く。花はサトイモ科特有の形で、ミズバショウやマムシグサに似ている。花後の果実も観賞したい。

Asclepias
アスクレピアス（トウワタ）

【科　名】	キョウチクトウ科
【原産地】	アフリカ南部、北米、南米
【栽培適地】	日なた
【土　質】	ふつう～湿潤
【花　期】	夏
【使い方】	花壇の中段
【一緒に】	アガパンツス、エキナケア、グラス類
【スタイル】	ボーダー、ナチュラルガーデン、コテージガーデン

A. incarnata
インカルナタ
【草丈】120 cm
【草姿】すらっとしている

Z3　花　種

小さな花が房になって咲く。茎がしっかりしていて、草丈が高くても支柱の必要はほとんどない。花後のシードヘッドから出る綿毛の観賞価値も高い。

A. incarnata 'Iceballet'
インカルナタ 'アイスバレエ'

シードヘッド

基本種は赤紫色だが、白花品種もある

北国におすすめの宿根草　日なたの庭に向く品種

Astrantia
アストランティア

【科　　名】セリ科
【原 産 地】ヨーロッパ～アジア西部
【栽培適地】日なた～半日陰
【土　　質】ふつう～やや湿潤
【花　　期】夏
【使 い 方】花壇の中段
【一 緒 に】リグラリア、ホスタ、スタキス、サルウィア
【スタイル】コテージガーデン、ボーダー

小さな半球状の花序が多数つき、花壇の中に点が浮いているようなかわいらしい雰囲気。夏に土壌の高温乾燥を避けるためマルチングを。道内では日なたの方が花つきがよい傾向がある。

A. major
マヨル

【草丈】30～90 cm
【草姿】こんもりしている

Z6 花 種

A. major 'Rubra'
マヨル 'ルブラ'

A. major 'Buckland'
マヨル 'バックランド'

A. major 'Alba'
マヨル 'アルバ'

A. major 'Sunningdale Variegated'
マヨル 'サニングデール・ヴァリエゲイティッド'

斑入りの葉が美しい

北国におすすめの宿根草　日なたの庭に向く品種

Aubrieta
アウブリエタ（ムラサキナズナ）
オーブリエチア

- 【科　　名】アブラナ科
- 【原 産 地】ヨーロッパ～アジア中央部
- 【栽培適地】日なた
- 【土　　質】乾燥～やや乾燥
- 【花　　期】春
- 【使 い 方】花壇前方、園路の縁取り、グラウンドカバー、石積みの隙間
- 【一 緒 に】エウフォルビア、春咲き球根
- 【スタイル】ロックガーデン、ドライガーデン

A. × cultorum
クルトルム
- 【草丈】5 cm
- 【草姿】低く広がる

Z7 花

　小さく鮮やかな花がじゅうたんのように広がって咲く。春を明るく彩る貴重な存在。高温多湿に弱く、北国でこそ長い花期を楽しめる。

A. × cultorum 'Cascade Purple'
クルトルム 'カスケード・パープル'

Baptisia
バプティシア（ムラサキセンダイハギ）

- 【科　　名】マメ科
- 【原 産 地】米国東部・南部
- 【栽培適地】日なた
- 【土　　質】乾燥～やや乾燥
- 【花　　期】夏
- 【使 い 方】花壇中段、点在させてポイントに
- 【一 緒 に】ティムス、エウフォルビア、アルテミシア、ゲラニウム
- 【スタイル】ドライガーデン、ナチュラルガーデン

B. australis
アウストラリス（ムラサキセンダイハギ）
- 【草丈】150 cm
- 【草姿】こんもりしている

Z3 花 葉 種

　センダイハギに似た紫色の花は、さわやかな初夏の空によく似合う。花茎がしっかりしていて管理が容易。秋にはだんだん倒れ、葉も黒っぽくなっていくが、それも味わい深い。

Bergenia
ベルゲニア（ユキノシタ）

ヒマラヤユキノシタ

【科　　名】	ユキノシタ科
【原 産 地】	アジア中央〜東部
【栽培適地】	日なた〜半日陰
【土　　質】	ふつう〜やや湿潤
【花　　期】	春
【使 い 方】	グラウンドカバー、花壇前方、落葉樹の株元
【一 緒 に】	エウフォルビア、グラス類、春咲き球根
【スタイル】	ボーダー、ドライガーデン

花壇がさみしい春早くに花が咲いてくれる。丸く大きな葉も観賞価値が高い。常緑だが気温が下がると葉が色付く。半日陰で利用できるが、日なたの方が花つきがよい。

B. 'Baby Doll'
'ベイビー・ドール'

【草丈】30 cm
【草姿】すらっとしている

Z4 花 紅

紅葉した葉がグラスとともに秋の庭を演出する

Calamintha
カラミンタ

カラミント、カラミンサ

【科　　名】	シソ科
【原 産 地】	北半球の温帯
【栽培適地】	日なた〜半日陰
【土　　質】	ふつう〜やや湿潤
【花　　期】	夏
【使 い 方】	花壇前方、園路の縁取り、石積みの隙間
【一 緒 に】	ハーブ、ネペタ、グラス類
【スタイル】	ボーダー、ハーブガーデン

青、ピンク、白などの花色がある。蝶や蜂などを引き付ける。花期がとても長く、ミントの香りも楽しめ、忌避効果が期待できる。

C. nepeta
ネペタ

【草丈】45 cm
【草姿】こんもりしている

Z6 花 香

葉の香りがよい

北国におすすめの宿根草

日なたの庭に向く品種

63

Callirhoe
カリロエ
ポピーマロウ

- 【科　　名】アオイ科
- 【原 産 地】米国、メキシコ
- 【栽培適地】日なた
- 【土　　質】乾燥〜やや乾燥
- 【花　　期】夏
- 【使 い 方】花壇前方、グラウンドカバー、壁沿い
- 【一 緒 に】ティムス、カレクス、アリウム
- 【スタイル】ドライガーデン、ロックガーデン、ボーダー

花はカップ形で、花期が長い。茎が地面を這って長く伸び、じゅうたんのように広がる。乾燥を好むので、雪解け水がいつまでも残るような場所は避けたい。

C. involucrata
インウォルクラタ
ポピーマロウ、ワインカップ

- 【草丈】30 cm
- 【草姿】低く広がる

Z4　花

Caltha
カルタ（リュウキンカ）

- 【科　　名】キンポウゲ科
- 【原 産 地】北半球の温帯・寒帯
- 【栽培適地】日なた〜半日陰
- 【土　　質】ふつう〜湿潤
- 【花　　期】春
- 【使 い 方】水辺
- 【一 緒 に】アネモネ、ジャーマンアイリス、カレクス
- 【スタイル】ボグガーデン、ナチュラルガーデン

早春に黄色や白の花が開花する。葉はハートに近い形。雪解け後の水辺によく似合う。年数を経て大株に育つと見事。夏は葉を枯らして休眠する。

C. palustris
パルストリス

- 【草丈】40 cm
- 【草姿】こんもりしている

Z3　花　葉

ヤチブキと呼ばれるエゾノリュウキンカは、正確にはこの変種（*C. palustris* var. *barthei*）を指す

Camassia
カマッシア

- 【科　　名】キジカクシ科
- 【原産地】北米
- 【栽培適地】日なた〜半日陰
- 【土　　質】ふつう
- 【花　　期】春
- 【使い方】花壇中央、宿根草の株間にランダムに
- 【一緒に】ゲラニウム、エウフォルビア
- 【スタイル】ボーダー、メドウ、ウッドランドガーデン

　花色は青か白。半日陰でも十分に花がつく。秋植えの球根で、植えっぱなしでも毎年きれいに咲く育てやすい種。すがすがしい青花は庭の中で目を引く。

C. cusickii
クシッキイ

- 【草丈】60〜80cm
- 【草姿】すらっとしている

Z5　花

Centaurea
ケンタウレア（ヤグルマギク）
セントーレア

- 【科　　名】キク科
- 【原産地】ヨーロッパ、地中海沿岸、アジア、オーストラリア、北米
- 【栽培適地】日なた
- 【土　　質】乾燥〜ふつう〜（種類によっては）やや湿潤
- 【花　　期】夏
- 【使い方】花壇前方〜中央、ランダムに配置
- 【一緒に】アクイレギア、アルテミシア、ケントランツス
- 【スタイル】コテージガーデン、ナチュラルガーデン、ボーダー

　コテージガーデンの定番。500〜600もの種類がある。多くは乾燥した場所を好む。一、二年草も多く流通しているので、確認して使い分けよう。

C. montana
モンタナ

- 【草丈】45cm
- 【草姿】こんもりしている

Z3　花

C. montana 'Alba'
モンタナ 'アルバ'

基本種は青花。この種はやや湿潤の土を好む

Campanula
カンパヌラ（ホタルブクロ）

カンパニュラ

【科　　名】	キキョウ科
【原 産 地】	北半球の温帯
【栽培適地】	日なた〜半日陰
【土　　質】	やや乾燥〜やや湿潤
【花　　期】	夏
【使 い 方】	花壇前方〜中段、種類によりグラウンドカバー
【一 緒 に】	フィリペンデュラ、ネペタ、ヘウケラ、ホスタ
【スタイル】	ボーダー、コテージガーデン、（種類により）ロックガーデン

実にさまざまな種類があり、環境やスタイルに応じて選ぶことができる。花は青紫から赤紫、白などやわらかな色が多く、どんな場面にも合わせやすい。

C. lactiflora
ラクティフロラ
Z5　花

【草丈】80〜120 cm
【草姿】すらっとしている

パステルカラーの優しい花色が魅力。園芸品種も多く、青花種'ボーダーブルース'も人気

C. lactiflora
ラクティフロラ

C. lactiflora 'Loddon Anna'
ラクティフロラ'ロドン・アンナ'

C. punctata
プンクタタ（ホタルブクロ）

【草丈】50〜80 cm
【草姿】こんもりしている
Z6　花

C. latifolia var. *macrantha*
ラティフォリア・マクランタ

【草丈】150 cm
【草姿】すらっとしている
Z3　花

切り戻すと再び花を咲かせることもある

C. latifolia var. *macrantha* 'Alba'
ラティフォリア・マクランタ'アルバ'

草姿が乱れにくい

北国におすすめの宿根草　日なたの庭に向く品種

Centranthus
ケントランツス(ベニカノコソウ)

- 【科　名】スイカズラ科
- 【原産地】ヨーロッパ南部、地中海沿岸、アフリカ北西部、アジア南西部
- 【栽培適地】日なた
- 【土　質】やや乾燥～ふつう
- 【花　期】夏
- 【使い方】花壇前方～中央、点在させる
- 【一緒に】ケンタウレア、サルウィア、ネペタ
- 【スタイル】コテージガーデン、ボーダー、ドライガーデン

花がら切りを行うことで、開花期間がぐっと長くなる。シルバーがかった葉は、バラとの相性もよい。やせ地でもよく育ち、よく締まったコンパクトな株になる。

C. ruber
ルベル(ベニカノコソウ)
レッドバレリアン
- 【草丈】100 cm
- 【草姿】こんもりしている

Z5 花 葉

C. ruber
ルベル

C. ruber 'Albus'
ルベル 'アルブス'

Chelone
ケロネ(ジャコウソウモドキ)
タートルヘッド、リオン

- 【科　名】オオバコ科
- 【原産地】北米
- 【栽培適地】日なた～半日陰
- 【土　質】やや湿潤～湿潤
- 【花　期】夏
- 【使い方】花壇前方～中央
- 【一緒に】フィソステギア、サングイソルバ、グラス類
- 【スタイル】ボグガーデン、オータムボーダー、ボーダー

花がカメの頭の形に似ていることから、タートルヘッドの英名がある。切り花としても利用できる。

C. obliqua
オブリクア
- 【草丈】40～60 cm
- 【草姿】こんもりしている

Z6 花

北国におすすめの宿根草　日なたの庭に向く品種

Chionodoxa
キオノドクサ
チオノドクサ

【科　　名】	キジカクシ科
【原産地】	クレタ島、トルコ西部、キプロス
【栽培適地】	日なた
【土　　質】	やや乾燥
【花　　期】	春
【使い方】	花壇前方、落葉樹の株元。広い面積にたくさん植えたい
【一緒に】	春咲き球根
【スタイル】	ドライガーデン、ボーダー

春を知らせる球根で、地面近くから小さな花が空に向かって開く。花色は青や白、ピンク。単独で植栽するよりも、群植したり点在させると効果的。

C. luciliae
ルシーリアエ(ユキゲユリ)
【草丈】10 cm
【草姿】外向きに広がる

Z4 花

C. luciliae
ルシーリアエ

C. luciliae 'Alba'
ルシーリアエ 'アルバ'

Colchicum
コルキクム(イヌサフラン)
コルチカム

【科　　名】	イヌサフラン科
【原産地】	ヨーロッパ、アフリカ西部、アジア西・中央部、インド西部、中国西部
【栽培適地】	日なた
【土　　質】	やや乾燥～ふつう
【花　　期】	秋
【使い方】	落葉樹の株元、花壇前方
【一緒に】	秋咲きクロッカス、シラタマミズキ
【スタイル】	オータムボーダー、ナチュラルガーデン、ウッドランドガーデン

葉を出す前に花だけが咲く。開花時には水が不要で、店頭で販売している球根に花が咲いている様子はおもしろい。本来は夏に球根を植え込む。

C. 'Waterlily'
'ウオーターリリー'
【草丈】15 cm
【草姿】こんもりしている

Z4 花

他に一重咲きの'ライラックワンダー'、白花種のアウツムナレ (*C. autumnale*) 'アルブム' などもある

北国におすすめの宿根草　日なたの庭に向く品種

Conoclinium
コノクリニウム

- 【科　　名】キク科
- 【原 産 地】北米中部～南東部、西インド諸島
- 【栽培適地】日なた～半日陰
- 【土　　質】ふつう～やや湿潤
- 【花　　期】秋
- 【使 い 方】花壇の手前
- 【一 緒 に】シンフィオトリクム（アスター）、グラス類
- 【スタイル】ボーダー、コテージガーデン

　淡水湿地などに自生。青紫色の霧のような花が株を覆うようにこんもりと咲く。生育旺盛で、地下茎で広がる。以前はヒヨドリバナ属（*Eupatorium*）に分類されていた。

C. coelestinum
コエレスティヌム
ユーパトリウム・コエレスティヌム

- 【草丈】45～90 cm
- 【草姿】こんもりしている

Z5 花

C. coelestinum 'Cori'
コエレスティヌム 'コリ'

Coreopsis
コレオプシス（ハルシャギク）

- 【科　　名】キク科
- 【原 産 地】北米、中米
- 【栽培適地】日なた
- 【土　　質】ふつう
- 【花　　期】夏
- 【使 い 方】花壇前方～中央
- 【一 緒 に】サルウィア、アムソニア、アストランティア
- 【スタイル】ボーダー、コテージガーデン

　明るい花色だが、花茎が細くすらりとしているので繊細なイメージもあり、花壇になじみやすい。オオキンケイギクは特定外来生物に指定されているため栽培不可。

C. verticillata
ウェルティキラタ（イトバハルシャギク）

- 【草丈】60～80 cm
- 【草姿】こんもりしている

Z3 花

C. verticillata 'Moonbeam'
ウェルティキラタ 'ムーンビーム'

葉が繊細で美しい。他に'ザグレブ''グランディフロラ'などの品種がある

北国におすすめの宿根草 / 日なたの庭に向く品種

Corydalis
コリダリス（キケマン）

- 【科　　名】ケシ科
- 【原 産 地】北半球の温帯
- 【栽培適地】日なた～半日陰
- 【土　　質】やや乾燥～やや湿潤
- 【花　　期】春
- 【使 い 方】花壇前方、落葉樹の株元
- 【一 緒 に】ヘレボルス、ナルキッスス
- 【スタイル】ウッドランドガーデン、ロックガーデン

　エゾエンゴサクもこの仲間。球根は秋植えで、植えっぱなしでよい。高温多湿に弱く、北国向き。大株に育つと見事。

C. solida
ソリダ
- 【草丈】25cm
- 【草姿】こんもりしている

Z6 花 葉

C. solida 'George P. Baker'
ソリダ 'ジョージ・P. ベイカー'

Crocosmia
クロコスミア
モントブレチア

- 【科　　名】アヤメ科
- 【原 産 地】アフリカ南部
- 【栽培適地】日なた～半日陰
- 【土　　質】ふつう～やや湿潤
- 【花　　期】夏
- 【使 い 方】花壇前方～中央
- 【一 緒 に】ルドベキア、モナルダ、フィソステギア、グラス類
- 【スタイル】ボーダー、オータムボーダー

　球根植物だがポット苗でよく販売される。赤やオレンジ、黄の明るい花色でエキゾチックな雰囲気をもつ。性質が強く、よく増える。

C. 'Emberglow'
'エンバーグロウ'
- 【草丈】60～75cm
- 【草姿】外向きに広がる

Z7 花 種

北国におすすめの宿根草／日なたの庭に向く品種

Crocus
クロクス
クロッカス

【科　　名】	アヤメ科
【原 産 地】	ヨーロッパ中央・南部、アフリカ北部、中東、アジア中央部、中国西部
【栽培適地】	日なた
【土　　質】	やや乾燥～やや湿潤
【花　　期】	春
【使 い 方】	広い面積でランダムに
【一 緒 に】	キオノドクサ、シラタマミズキ
【スタイル】	メドウ、ナチュラルガーデン、ボーダー

　秋植え球根。育て方は容易で、植えっぱなしでよい。春の庭を明るく彩る。さまざまな花色があるので、好みに合わせて使いたい。

C. vernus
ウェルヌス
ダッチクロッカス

【草丈】12 cm
【草姿】外向きに広がる

Z4　花

白花種 'ジャンヌ・ダルク' や、白に紫色の模様が入る 'ピックウィック' は定番

Darmera
ダルメラ

【科　　名】	ユキノシタ科
【原 産 地】	米国西部
【栽培適地】	日なた～半日陰
【土　　質】	やや乾燥～湿潤
【花　　期】	春
【使 い 方】	花壇前方、フォーカルポイント、水辺
【一 緒 に】	アムソニア、アガパンツス、グラス類、シダ類
【スタイル】	ボグガーデン、オータムボーダー、ボーダー

　葉が広がる前に花茎を伸ばし、半球状の房になって花が咲く姿は大変ユニーク。グンネラと草姿が似て、葉の大きさは 30～40 cm 以上と見応えがある。紅葉も美しい。

D. peltata
ペルタタ

【草丈】120 cm
【草姿】こんもりしている

Z6　花　葉　紅

春の花　　初夏の葉

北国におすすめの宿根草／日なたの庭に向く品種

Dianthus
ディアンツス(ナデシコ)
ダイアンサス

- 【科　　名】ナデシコ科
- 【原 産 地】ヨーロッパ、アジア、アフリカ南部
- 【栽培適地】日なた
- 【土　　質】乾燥～ふつう
- 【花　　期】春～夏
- 【使 い 方】花壇前方～中央、グラウンドカバー
- 【一 緒 に】カレクス、ティムス、ゲラニウム、サルヴィア
- 【スタイル】ドライガーデン、ロックガーデン、ボーダー、メドウ

鮮やかで花つきがよく、庭を明るくする。種類は多岐にわたるので、シーンや好みに合わせて使いたい。

北国におすすめの宿根草　日なたの庭に向く品種

D. deltoides
デルトイデス(ヒメナデシコ)
- 【草丈】20 cm
- 【草姿】低く広がる

Z3　花

D. deltoides 'Roseus'
デルトイデス 'ロゼウス'

D. deltoides 'Albus'
デルトイデス 'アルブス'

D. knappii
クナッピイ
- 【草丈】30～40 cm
- 【草姿】すらっとしている

Z3　花

D. superbus var. *superbus*
スペルブス・スペルブス(エゾカワラナデシコ)
- 【草丈】30～50 cm
- 【草姿】すらっとしている

Z4　花

北海道の自生種

Digitalis
ジギタリス（キツネノテブクロ）

ジギタリス、フォックスグローブ

【科　　名】	オオバコ科
【原 産 地】	ヨーロッパ、アフリカ北西部、アジア中央部
【栽培適地】	半日陰
【土　　質】	やや乾燥〜やや湿潤
【花　　期】	夏
【使 い 方】	花壇中央〜後方、点在させてアクセントに
【一 緒 に】	ケンタウレア、アストランティア、ゲラニウム
【スタイル】	コテージガーデン、ボーダー、シェードガーデン

すらりと伸びた茎にベル形の花が連なる。空に向かって真っすぐに立つ姿は花壇に変化をもたらす。耐暑性は弱いが、北国では容易に育つ。二年草扱いのものもある。

D. laevigata
ラエウィガタ

- 【草丈】100 cm
- 【草姿】すらっとしている

Z4 花

Doronicum
ドロニクム

【科　　名】	キク科
【原 産 地】	ヨーロッパ、アジア南西部、シベリア
【栽培適地】	半日陰
【土　　質】	ふつう〜やや湿潤
【花　　期】	春
【使 い 方】	花壇前方〜中央
【一 緒 に】	ダルメラ、プルモナリア、ウィオラ、春咲き球根
【スタイル】	ボーダー、ウッドランドガーデン、コテージガーデン

最も早咲きの宿根草の一つ。タンポポ似の頭花を持つ。花色の少ない早春の庭で、鮮やかな黄花が目を引く。

D. orientale
オリエンタレ

- 【草丈】60 cm
- 【草姿】こんもりしている

Z5 花

D. orientale 'Magnificum'
オリエンタレ 'マグニフィクム'

北国におすすめの宿根草 / 日なたの庭に向く品種

Echinacea

エキナケア（ムラサキバレンギク）

エキナセア、コーンフラワー

- 【科　　名】キク科
- 【原 産 地】北米中央・東部
- 【栽培適地】日なた〜半日陰
- 【土　　質】ふつう
- 【花　　期】夏
- 【使 い 方】花壇中央、群生
- 【一 緒 に】エリンギウム、アガパンツス、リアトリス、グラス類
- 【スタイル】ボーダー、ホワイトガーデン、ナチュラルガーデン、コテージガーデン

夏の日差しに似合う元気な花で、赤紫色を中心に、白や黄色がある。花切りをしないでシードヘッドまで楽しもう。

花後のシードヘッド（10月ごろ）

E. purpurea

プルプレア（ムラサキバレンギク）

- 【草丈】80〜150 cm
- 【草姿】すらっとしている

Z3 花 種

E. purpurea 'Magnus'
プルプレア 'マグナス'

E. purpurea 'Doubledecker'
プルプレア 'ダブルデッカー'

E. purpurea 'Green Jewel'
プルプレア 'グリーン・ジュエル'

E. purpurea 'Indian Summer'
プルプレア 'インディアン・サマー'

E. paradoxa
パラドクサ
【草丈】60〜90cm
【草姿】すらっとしている
Z5 花 種

E. pallida
パリダ
【草丈】60〜90cm
【草姿】すらっとしている
Z3 花 種

Echinops
エキノプス（ヒゴタイ）

【科　　名】	キク科
【原産地】	ヨーロッパ中央・東部〜アジア中央部
【栽培適地】	日なた〜半日陰
【土　　質】	やや乾燥〜やや湿潤
【花　　期】	夏
【使い方】	花壇前方〜中央、点在させてアクセントに
【一緒に】	グラス類、ケンタウレア、カンパヌラ
【スタイル】	ホワイトガーデン、ボーダー

ブルーやグレーなどクールな印象の球状の花房は、花壇にぷかぷかと浮いているよう。葉はアザミに似て切れ込みが深く先端が鋭いので、素手で触れる際には注意を。

E. ritro
リトロ（ルリタマアザミ）
【草丈】60〜90cm
【草姿】すらっとしている
Z3 花 葉

E. sphaerocephalus
スファエロケファルス
【草丈】150〜250cm
【草姿】すらっとしている
Z3 花 葉

E. ritro 'Veitch's Blue'
リトロ'ヴィーチズ・ブルー'

北国におすすめの宿根草　日なたの庭に向く品種

Eranthis
エランティス（セツブンソウ）

- 【科　　名】キンポウゲ科
- 【原 産 地】ユーラシア大陸
- 【栽培適地】日なた～半日陰
- 【土　　質】ふつう～やや湿潤
- 【花　　期】春
- 【使 い 方】落葉樹の株元
- 【一 緒 に】ガランツス、シクラメン、ヘレボルス、落葉高木
- 【スタイル】ウッドランドガーデン

春の日差しに向かって、パラボラアンテナのように花を広げる。たくさん植えてじゅうたんのようにしたい。夏～秋は地上部が枯れて休眠する。

E. hyemalis
ヒエマリス（オオバナキバナセツブンソウ）
- 【草丈】5～8cm
- 【草姿】低く広がる

Z5 ｜ 花

Eremurus
エレムルス
フォックステイルリリー、デザートキャンドル

- 【科　　名】ツルボラン科
- 【原 産 地】アジア西・中央部
- 【栽培適地】日なた
- 【土　　質】乾燥～やや乾燥
- 【花　　期】夏
- 【使 い 方】花壇後方、フォーカルポイント
- 【一 緒 に】アリウム、エウフォルビア、バプティシア、ユッカ
- 【スタイル】コテージガーデン、ドライガーデン

長い花序に黄色、オレンジ、白、ピンクなどの花が密につく。乾燥を好むので、雪が一番に解けるような場所を選び、植え穴の下に砂やれきを敷き詰めて水はけをよくするとよい。

E. stenophyllus
ステノフィルス
- 【草丈】100cm
- 【草姿】すらっとしている

Z5 ｜ 花 ｜ 種

Eryngium
エリンギウム
エリンジウム、エリンジューム

【科　　名】	セリ科
【原 産 地】	ヨーロッパ、アフリカ北部、トルコ、アジア中央部、中国、韓国
【栽培適地】	日なた
【土　　質】	乾燥〜やや湿潤（種類による）
【花　　期】	夏
【使 い 方】	花壇前方〜中央、フォーカルポイント、群生
【一 緒 に】	サルヴィア、エキナケア、グラス類
【スタイル】	ボーダー、メドウ、ドライガーデン

色も形もメタリックな雰囲気。個性的な草姿は他の植物とのコントラストをつくる。ドライフラワーでも楽しめる。

E. alpinum
アルピヌム

【草丈】70 cm
【草姿】すらっとしている　Z2 花 葉 種

E. planum
プラヌム

【草丈】90 cm
【草姿】こんもりしている　Z4 花 葉 種

E. planum 'Blue Cup'
プラヌム 'ブルー・カップ'

E. agavifolium
アガウィフォリウム

【草丈】100〜150 cm
【草姿】すらっとしている　Z7 花 葉 種

やや湿潤な土壌を好むタイプ

E. giganteum
ギガンテウム

【草丈】90 cm
【草姿】こんもりしている　Z6 花 葉 種

秋のシードヘッドも美しい

北国におすすめの宿根草　日なたの庭に向く品種

Euphorbia
エウフォルビア（トウダイグサ）
ユーフォルビア

- 【科　　名】トウダイグサ科
- 【原産地】温帯、亜熱帯、熱帯
- 【栽培適地】日なた～半日陰
- 【土　　質】乾燥～やや湿潤
- 【花　　期】春～夏
- 【使い方】花壇前方～中央、グラウンドカバー
- 【一緒に】アリウム、ゲラニウム、アルテミシア、カレックス、イリス
- 【スタイル】ボーダー、ドライガーデン、メドウ、ロックガーデン

およそ2000種もあり、一年草、宿根草、低木、高木、多肉植物と多岐にわたるが、ここで紹介するのはすべて宿根草。剪定すると茎から白い液体が出るが、触れるとかぶれることがあるので注意。

E. polychroma
ポリクロマ

Z6 花 葉 紅

- 【草丈】40 cm
- 【草姿】こんもりしている

早春に咲くのがうれしい

秋の紅葉

E. griffithii
グリッフィティイ

Z5 花 葉 種 茎

- 【草丈】90 cm
- 【草姿】こんもりしている

E. myrsinites
ミルシニテス

Z6 花 葉 種

- 【草丈】10 cm
- 【草姿】低く広がる

常緑種

E. griffithii 'Fireglow'
グリッフィティイ 'ファイアグロウ'

茎が赤く、落葉しても見栄えがする。さらに濃いオレンジ色の花の'ディクスター'も

E. dulcis
デュルキス
【草丈】30 cm
【草姿】こんもりしている
Z6 花 葉

E. dulcis 'Chameleon'
デュルキス'カメレオン'

E. amygdaloides
アミグダロイデス
【草丈】80 cm
【草姿】こんもりしている
Z7 花 葉 茎

E. amygdaloides 'Purpurea'
アミグダロイデス'プルプレア'

常緑種

Eupatorium
エウパトリウム（ヒヨドリバナ）
ユーパトリウム

【科　　名】キク科
【原 産 地】ヨーロッパ、アフリカ、アジア、北米、南米
【栽培適地】日なた〜半日陰
【土　　質】やや乾燥〜やや湿潤
【花　　期】夏〜秋
【使 い 方】群生、フォーカルポイント
【一 緒 に】エキナケア、ペルシカリア、グラス類
【スタイル】ボーダー、オータムボーダー、ナチュラルガーデン、メドウ

晩夏から秋の主役。人気のルゴスムはアゲラティナ属（*Ageratina*）、コエレスティヌムはコノクリニウム属（*Conoclinium*）に移された。

E. maculatum
マクラツム
【草丈】150〜250 cm
【草姿】すらっとしている
Z5 花

E. maculatum 'Atropurpureum'
マクラツム'アトロプルプレウム'

Filipendula
フィリペンデュラ(シモツケソウ)

- 【科　　名】バラ科
- 【原 産 地】北半球の温帯
- 【栽培適地】日なた〜半日陰
- 【土　　質】ふつう〜やや湿潤〜（種類により）湿潤
- 【花　　期】夏
- 【使 い 方】花壇前方〜中央
- 【一 緒 に】ゲラニウム、ヘメロカリス、カンパヌラ
- 【スタイル】ボーダー、ウッドランドガーデン、ホワイトガーデン

切れ込みのある特徴的な葉に、綿あめのような質感の花を咲かせる。

F. purpurea
プルプレア(キョウガノコ)

- 【草丈】120 cm
- 【草姿】こんもりしている

Z6 | 花 | 種

F. purpurea 'Elegans'
プルプレア 'エレガンス'

F. ulmaria
ウルマリア(セイヨウナツユキソウ)
メドウスウィート

- 【草丈】60〜90 cm
- 【草姿】こんもりしている

Z2 | 花

F. ulmaria 'Flore Pleno'
ウルマリア 'フロレ・プレノ'

F. vulgaris
ウルガリス(ロクベンシモツケ)
ヨウシュシモツケ

- 【草丈】60 cm
- 【草姿】すらっとしている

Z3 | 花

八重咲き種 'フロレ・プレノ' もある

F. multijuga
ムルティユガ(シモツケソウ)
クサシモツケ

- 【草丈】20〜100 cm
- 【草姿】こんもりしている

Z6 | 花 | 種

赤花種、白花種などの変種もある

Fritillaria
フリティラリア（バイモ）
フリチラリア

- 【科　　名】ユリ科
- 【原 産 地】地中海沿岸、アジア南西部、北米西部
- 【栽培適地】日なた～半日陰
- 【土　　質】乾燥～ふつう～（種類により）やや湿潤
- 【花　　期】春
- 【使 い 方】落葉樹の下、点在させてアクセントに
- 【一 緒 に】アネモネ、ツリパ、ゲラニウム、ナルキッスス
- 【スタイル】ナチュラルガーデン、ドライガーデン、ロックガーデン、ウッドランドガーデン

ベル形の花が茎からぶら下がるように咲く。花色や草丈はさまざまだが、春を演出する花として人気。クロユリ（*F. camschatcensis*）や茶花などで使われるバイモもこの仲間。

F. meleagris
メレアグリス
- 【草丈】30 cm
- 【草姿】すらっとしている

Z4　花

F. meleagris
メレアグリス

F. meleagris 'Alba'
メレアグリス 'アルバ'

乾燥を好むが、やや湿潤な土壌でも育つ

Gaura
ガウラ（ヤマモモソウ）

- 【科　　名】アカバナ科
- 【原 産 地】北米
- 【栽培適地】日なた～半日陰
- 【土　　質】やや乾燥～やや湿潤
- 【花　　期】夏
- 【使 い 方】花壇前方～中央、園路沿い
- 【一 緒 に】ヘリアンツス、ヒロテレフィウム、グラス類
- 【スタイル】ナチュラルガーデン、メドウ

風に揺れる姿が庭に動きをもたらす。成長が早く、植栽した年から魅力を発揮する。

G. lindheimeri
リンドヘイメリ（ハクチョウソウ）
- 【草丈】30～150 cm
- 【草姿】外向きに広がる

Z4　花

G. lindheimeri
リンドヘイメリ

G. lindheimeri 'Summer Emotions'
リンドヘイメリ 'サマー・エモーションズ'

'サマー・エモーションズ' は草丈 30 cm のコンパクト種

北国におすすめの宿根草

日なたの庭に向く品種

Geranium
ゲラニウム(フウロソウ)

- 【科　　名】フウロソウ科
- 【原 産 地】温帯
- 【栽培適地】日なた～半日陰
- 【土　　質】やや乾燥～やや湿潤
- 【花　　期】夏
- 【使 い 方】花壇前方～中央
- 【一 緒 に】アリウム、ゲウム、エウフォルビア、サルヴィア、アルテミシア
- 【スタイル】ボーダー、コテージガーデン、ナチュラルガーデン

比較的耐陰性があり、どんな土壌でも早くマット状に育つので、宿根草の開花リレーに欠かせない。種類により性質が微妙に異なるので、植える前に確認しよう。

G. phaeum
ファエウム(クロバナフウロ)

Z5 花 葉

- 【草丈】80 cm
- 【草姿】こんもりしている

他のゲラニウムよりも早く、晩春から咲き始める

G. phaeum 'Album'
ファエウム 'アルブム'

G. phaeum 'Lavender Pinwheel'
ファエウム 'ラベンダー・ピンホイール'

G. phaeum var. *phaeum* 'Samobor'
ファエウム・ファエウム 'サモボル'

G. pratense
プラテンセ(ノハラフウロ)

Z5 花

- 【草丈】60～90 cm
- 【草姿】こんもりしている

G. pratense 'Mrs. Kendall Clark'
プラテンセ 'ミセス・ケンダル・クラーク'

G. pratense 'Splish Splash'
プラテンセ 'スプリッシュ・スプラッシュ'

G. macrorrhizum
マクロッリズム
【草丈】50 cm
【草姿】こんもりしている
[Z4] [花] [香]

やや薄い花色の'イングウェーセンズ・バラエティ'も人気

G. 'Orion'
'オリオン'
【草丈】50 cm
【草姿】こんもりしている
[Z4] [花]

花つきが特によく、草姿が乱れにくい

G. sanguineum
サングイネウム(アケボノフウロ)
【草丈】20 cm
【草姿】低く広がる
[Z5] [花] [紅]

グラウンドカバーに最適

G. sanguineum
サングイネウム

G. sanguineum 'Album'
サングイネウム'アルブム'

G. sanguineum var. *striatum*
サングイネウム・ストリアツム

G. endressii
エンドレッシイ
【草丈】45 cm
【草姿】こんもりしている
[Z5] [花]

G. renardii
レナルディイ
【草丈】30 cm
【草姿】低く広がる
[Z3] [花] [葉] [紅]

丸みを帯びた葉は美しく紅葉する

北国におすすめの宿根草 — 日なたの庭に向く品種

Geum
ゲウム（ダイコンソウ）

- 【科　　名】バラ科
- 【原 産 地】ヨーロッパ、アジア、ニュージーランド、北米、南米の温帯
- 【栽培適地】日なた
- 【土　　質】ふつう〜（種類により）やや湿潤
- 【花　　期】春〜夏
- 【使 い 方】花壇前方
- 【一 緒 に】アムソニア、ネペタ、ホスタ
- 【スタイル】ボーダー、コテージガーデン

オレンジや黄色などの明るい花が魅力。高温多湿に弱いが、極端に用土が乾くと葉が枯れるのでマルチングが効果的。

G. 'Borisii'
'ボリシイ'
- 【草丈】20 cm
- 【草姿】こんもりしている

Z3 花

Gillenia
ギレニア

- 【科　　名】バラ科
- 【原 産 地】北米中央・東・南東部
- 【栽培適地】半日陰
- 【土　　質】ふつう〜やや湿潤
- 【花　　期】夏
- 【使 い 方】花壇前方〜中央
- 【一 緒 に】ゲラニウム、アストランティア、ホスタ
- 【スタイル】ホワイトガーデン、コテージガーデン、ボーダー、オータムボーダー

星形になる細い花弁が繊細な印象。秋の黄葉も見事で、シードヘッドも楽しめる。細い茎を長く伸ばすので、群植すると見応えがある。

G. trifoliata
トリフォリアタ
ミツバシモツケ
- 【草丈】100 cm
- 【草姿】こんもりしている

Z4 花 紅 種

シードヘッド

Helenium

ヘレニウム(マルバハルシャギク)

- 【科　　名】キク科
- 【原 産 地】北米、中米
- 【栽培適地】日なた
- 【土　　質】ふつう～やや湿潤
- 【花　　期】夏
- 【使 い 方】花壇前方～中央、群生
- 【一 緒 に】アキレア、サルウィア、ゲラニウム、グラス類
- 【スタイル】ボーダー、コテージガーデン、ナチュラルガーデン

　心花(花の中央、タネになる部分)が球状または半球状でよく目立つ。辺花(いわゆる花弁)は黄色やオレンジで鮮やか。肥料分が多い土だと軟弱に伸びて倒れやすくなるので、生育をおさえ気味にしたほうがコンパクトで締まった株になる。

H. autumnale

アウツムナレ(ダンゴギク)

- 【草丈】60～180 cm
- 【草姿】すらっとしている

[Z3] [花] [種]

H. autumnale 'Helena Rote Tone'
アウツムナレ 'ヘレナ・ロート・トーン'

H. autumnale 'Helena Gold'
アウツムナレ 'ヘレナ・ゴールド'

Helianthemum

ヘリアンテムム(ハンニチバナ)

ロックローズ、サンローズ

- 【科　　名】ハンニチバナ科
- 【原 産 地】北米、南米、アジア、ヨーロッパ、アフリカ北部、地中海沿岸
- 【栽培適地】日なた
- 【土　　質】乾燥～ふつう
- 【花　　期】夏
- 【使 い 方】花壇前方、グラウンドカバー
- 【一 緒 に】ルメクス、ケントランツス、バプティシア、タナケツム
- 【スタイル】ロックガーデン、ドライガーデン

　花色は赤や黄、白。花弁は柔らかい和紙のような雰囲気。一年草や宿根草、低木も含まれる。ここで紹介する種類は常緑低木だが、宿根草のように扱えるので庭使いにおすすめ。花後、花の咲いた枝を5～10 cmほど刈り込もう。

H. apenninum

アペンニヌム

- 【草丈】40 cm
- 【草姿】低く広がる

[Z6] [花]

北国におすすめの宿根草　日なたの庭に向く品種

Helianthus
ヘリアンツス(ヒマワリ)
サンフラワー

- 【科　　名】キク科
- 【原 産 地】北米、中米、ペルー、チリ
- 【栽培適地】日なた
- 【土　　質】ふつう〜やや湿潤
- 【花　　期】夏
- 【使 い 方】花壇中央〜後方、群生
- 【一 緒 に】ヘレニウム、ヒロテレフィウム、ペルシカリア・アンプレクシカウリス、グラス類
- 【スタイル】ボーダー、ナチュラルガーデン、オータムボーダー

H. 'Lemon Queen'
'レモン・クイーン'
- 【草丈】170 cm
- 【草姿】すらっとしている

Z4 花

　一年草のヒマワリはなじみがあるが、宿根性も種類が多い。丈夫で花つきがよく、育てやすい。枝分かれが多く大株に育つので、他の植物を被圧しないような場所に植える。

Heliopsis
ヘリオプシス(キクイモモドキ)

- 【科　　名】キク科
- 【原 産 地】北米
- 【栽培適地】日なた
- 【土　　質】ふつう〜やや湿潤
- 【花　　期】夏
- 【使 い 方】花壇中央〜後方
- 【一 緒 に】アガパンツス、モナルダ、フロクス
- 【スタイル】ボーダー、ナチュラルガーデン

H. helianthoides
ヘリアントイデス(キクイモモドキ)
- 【草丈】100〜180 cm
- 【草姿】こんもりしている

Z4 花

　ヒマワリに似ており、丈夫で育てやすく花つきもよい。背丈の高い種類は支柱が必要。花がら切りをすると、わき芽から次の花が咲く。切り花にも利用できる。

H. helianthoides subsp. scabra 'Summer Nights'
ヘリアントイデス・スカブラ 'サマー・ナイツ'

H. helianthoides subsp. scabra 'Sommersonne'
ヘリアントイデス・スカブラ 'ゾンマーゾネ'

北国におすすめの宿根草　日なたの庭に向く品種

Hemerocallis
ヘメロカリス(ワスレグサ)

キスゲ、デイリリー

【科　　名】	ススキノキ科
【原 産 地】	中国、韓国、日本
【栽培適地】	日なた
【土　　質】	ふつう〜やや湿潤
【花　　期】	夏
【使い方】	群生、花壇中央
【一 緒 に】	クロコスミア、アキレア、ヘウケラ
【スタイル】	コテージガーデン、メドウ、ナチュラルガーデン

　園芸品種が多く、オレンジや黄色だけでなくピンクや紫など色とりどり。庭の色彩に応じて上手に選びたい。つぼみにアブラムシがつきやすいため早めに防除を。一日花なのでこまめに花摘みをし、すべての花が終わったら花茎の付け根で切り取る。

H. 'Final Touch'
'ファイナル・タッチ'

【草丈】75〜80cm
【草姿】外向きに広がる　Z2　花

Hesperantha
ヘスペランタ

スキゾスティリス

【科　　名】	アヤメ科
【原 産 地】	南アフリカ・ケープ東部〜ジンバブエ
【栽培適地】	日なた
【土　　質】	ふつう〜湿潤
【花　　期】	秋
【使い方】	花壇の手前
【一 緒 に】	シンフィオトリクム(アスター)
【スタイル】	コテージガーデン、ボグガーデン

　花が少なくなる晩秋に、ろう引きされたようなつやつやかな花を咲かせる。花色は赤、ピンク、白など。耐寒性がやや劣るので、冬前にウッドチップなどでしっかりとマルチングを行い、雪解け後すぐに取り除く。

H. coccinea
コッキネア

スキゾスティリス・コッキネア

【草丈】60cm
【草姿】外向きに広がる　Z6　花

H. coccinea
コッキネア

H. coccinea 'Fenland Daybreak'
コッキネア 'フェンランド・デイブレイク'

Hyacinthoides
ヒアキントイデス(ツリガネズイセン)
ブルーベル

- 【科　　名】キジカクシ科
- 【原産地】ヨーロッパ西部、アフリカ北部
- 【栽培適地】半日陰
- 【土　　質】ふつう〜やや湿潤
- 【花　　期】春
- 【使い方】群生、落葉樹の株元
- 【一緒に】ナルキッスス、プリムラ、シンフィツム、シダ類
- 【スタイル】ウッドランドガーデン、ナチュラルガーデン、コテージガーデン

　青やピンク、白などのベル形の花は優しくかわいらしい印象。植えっぱなしでもよく、分球やこぼれダネでも増える。以前はスキラ属（*Scilla*）に分類されていた。

H. hispanica
ヒスパニカ
スパニッシュブルーベル

- 【草丈】40 cm
- 【草姿】外向きに広がる

Z5　花

Hylotelephium
ヒロテレフィウム(ムラサキベンケイソウ)
セダム

- 【科　　名】ベンケイソウ科
- 【原産地】北半球の温帯〜亜寒帯
- 【栽培適地】日なた
- 【土　　質】乾燥
- 【花　　期】夏
- 【使い方】花壇手前〜中央
- 【一緒に】グラス類、ヘレニウム
- 【スタイル】コテージガーデン、ドライガーデン

　肉厚で多肉質、多種多様な葉が特徴。草姿は立ち性、這い性などさまざま。北海道に自生するヒダカミセバヤ（*H. cauticolum*）はロックガーデンなどで、耐寒性の弱いものは観葉植物として利用されている。

春の芽出し

晩秋のシードヘッド

H. spectabile
スペクタビレ（オオベンケイソウ）
セダム・スペクタビレ
【草丈】30〜70 cm
【草姿】こんもりしている

Z3 花 葉 種

春先のバラのブーケのような芽出しや夏の花も美しいが、晩秋に黒味を帯びたシードヘッドに霜が降りる姿はため息もの

H. spectabile 'Brilliant'
スペクタビレ 'ブリリアント'

H. spectabile 'Stardust'
スペクタビレ 'スターダスト'

H. telephium
テレフィウム
セダム・テレフィウム
【草丈】60〜75 cm
【草姿】こんもりしている

Z3 花 葉 種

暗赤色の茎と赤みを帯びた葉がシックな印象

H. telephium 'Matrona'
テレフィウム 'マトロナ'

H. telephium 'Purple Emperor'
テレフィウム 'パープル・エンペラー'

北国におすすめの宿根草　日なたの庭に向く品種

Iberis
イベリス（マガリバナ）

- 【科　　名】アブラナ科
- 【原 産 地】ヨーロッパ南部、アフリカ北部、中東の一部など
- 【栽培適地】日なた
- 【土　　質】ふつう〜やや湿潤
- 【花　　期】春
- 【使 い 方】花壇前方、グラウンドカバー
- 【一 緒 に】プルサティラ、カレクス、エウフォルビア
- 【スタイル】ボーダー、ホワイトガーデン、ロックガーデン

　本州暖地などでは夏越しが難しいが、北国では容易。日当たりがよければこんもりと半球状の大株に育つ。

I. sempervirens
センペルウィレンス（トキワナズナ）
宿根イベリス

- 【草丈】30 cm
- 【草姿】低く広がる

Z4　花

I. sempervirens 'Snow Cushion'
センペルウィレンス'スノー・クッション'

花が密につき、開花時は白いカーペットのよう

Iris
イリス（アヤメ）
アイリス

- 【科　　名】アヤメ科
- 【原 産 地】北半球の温帯
- 【栽培適地】日なた
- 【土　　質】乾燥〜湿潤
- 【花　　期】春〜夏
- 【使 い 方】花壇手前〜後方、水辺
- 【一 緒 に】ホスタ、春咲き球根
- 【スタイル】ドライガーデン、ボグガーデンなど

　非常に多くの種があり、球茎や根茎を持つ。性質は湿地を好むものから乾燥を好むものまでさまざま。洋風にも和風にもなじむので、場面に合わせて選びたい。

シードヘッド

北国におすすめの宿根草　日なたの庭に向く品種

I. sibirica
シビリカ(コアヤメ)
【草丈】50〜120 cm
【草姿】すらっとしている

Z7 花 種

初夏にほっそりとまとまって咲く。やや乾燥〜普通の土壌を好む

I. sibirica
シビリカ

I. sibirica 'Alba'
シビリカ 'アルバ'

I. domestica
ドメスティカ(ヒオウギ)
【草丈】60〜120 cm
【草姿】すらっとしている

Z7 花 種

I. gracilipes
グラキリペス(ヒメシャガ)
【草丈】20〜30 cm
【草姿】外向きに広がる

Z5 花

乾燥した場所を好む。花後のタネも魅力的

やや日陰になる場所でも利用できる

I. pumila
プミラ(ナンキンアヤメ)

【草丈】10〜15 cm
【草姿】すらっとしている

Z4 花

I. reticulata
レティクラタ
ミニアイリス

【草丈】20 cm
【草姿】すらっとしている

Z7 花

ロックガーデンなど乾燥した場所に向く

球根。鉢植え、ロックガーデンなど乾燥土壌を好む

北国におすすめの宿根草 / 日なたの庭に向く品種

91

Knautia
クナウティア

- 【科　　名】スイカズラ科
- 【原 産 地】ヨーロッパ中央・南部、アジア西部、アフリカ北部など地中海沿岸
- 【栽培適地】日なた
- 【土　　質】乾燥～ふつう
- 【花　　期】夏～秋
- 【使 い 方】花壇中央
- 【一 緒 に】モナルダ、スタキス
- 【スタイル】ドライガーデン、メドウ

　長い茎の先の花が風に揺れる姿は、メドウ（草原）の雰囲気を醸し出す。こぼれダネでよく増えるので要注意。花期が長く、スカビオサに似た花を次々と咲かせる。

K. arvensis
アルウェンシス
- 【草丈】150 cm
- 【草姿】すらっとしている

Z6 花

Lathyrus
ラティルス（レンリソウ）

- 【科　　名】マメ科
- 【原 産 地】地中海沿岸とイラン西部を中心にヨーロッパ、アジアなど
- 【栽培適地】日なた
- 【土　　質】ふつう
- 【花　　期】春
- 【使 い 方】花壇手前
- 【一 緒 に】プリムラ、春咲き球根
- 【スタイル】コテージガーデン、ボーダー

　早春に華やかな花が咲く。こぼれダネで発芽するが、コントロールできないほどではない。一年草のスイートピーも同属だが、宿根性の種類はつるが伸びずコンパクトにまとまるものもある。一年草と同様、甘い香りを楽しめる。

L. vernus
ウェルヌス
- 【草丈】15～45 cm
- 【草姿】こんもりしている

Z4 花 香

L. vernus 'Rainbow'
ウェルヌス 'レインボー'

L. vernus 'Rosenelfe'
ウェルヌス 'ローゼンエルフェ'

北国におすすめの宿根草　日なたの庭に向く品種

Kniphofia

クニフォフィア（シャグマユリ）

トリトマ

- 【科　　名】ススキノキ科
- 【原 産 地】熱帯アフリカ、南アフリカ東海岸
- 【栽培適地】日なた
- 【土　　質】乾燥〜ふつう
- 【花　　期】夏〜秋
- 【使 い 方】花壇中央
- 【一 緒 に】ヘレニウム、クロコスミア
- 【スタイル】コテージガーデン、メドウ

すっと伸びた茎の先にパイナップルのような特徴的な花を咲かせる。花穂の先端まで咲ききったら、花茎の付け根で切り取ると次の花が上がる。

K. 'Flamenco'
'フラメンゴ'
- 【草丈】100〜120 cm
- 【草姿】すらっとしている

Z6 花

K. 'Little Maid'
'リトル・メイド'
- 【草丈】60 cm
- 【草姿】すらっとしている

Z5 花

K. 'Percy's Pride'
'パーシーズ・プライド'
- 【草丈】120 cm
- 【草姿】すらっとしている

Z7 花

K. 'Shining Sceptre'
'シャイニング・セプター'
- 【草丈】120 cm
- 【草姿】すらっとしている

Z7 花

北国におすすめの宿根草　日なたの庭に向く品種

Liatris
リアトリス（ユリアザミ）

- 【科　　名】キク科
- 【原 産 地】北米
- 【栽培適地】日なた
- 【土　　質】ふつう
- 【花　　期】夏～秋
- 【使 い 方】花壇中央
- 【一 緒 に】フロクス、グラス類
- 【スタイル】コテージガーデン

ボトルブラシのような花は、切り花としても使われる。秋のシードヘッドも魅力的。株が増えて密生してくると蒸れやすく病気も発生しやすいので、3年に一度くらいは株分けをしたほうがよい。

L. spicata
スピカタ（キリンギク）

- 【草丈】50～150 cm
- 【草姿】すらっとしている

Z3 花 種

秋のシードヘッド

Lychnis
リクニス（センノウ）

- 【科　　名】ナデシコ科
- 【原 産 地】北半球の温帯～周極地帯
- 【栽培適地】日なた
- 【土　　質】やや乾燥～ふつう
- 【花　　期】夏
- 【使 い 方】群生、花壇中央
- 【一 緒 に】アキレア、ゲウム
- 【スタイル】メドウ、ドライガーデン

非常に強健。こぼれダネでよく増えるので、花がらはすぐに摘み取ろう。野生化しているコロナリア（*L. colonaria*、フランネルソウ、スイセンノウ）もこの仲間。

L. chalcedonica
カルケドニカ（アメリカセンノウ）

- 【草丈】50～100 cm
- 【草姿】すらっとしている

Z4 花

L. chalcedonica 'Red Cross'
カルケドニカ 'レッド・クロス'

Lilium
リリウム(ユリ)

【科　　名】ユリ科
【原 産 地】北半球の亜熱帯〜亜寒帯
【栽培適地】日なた
【土　　質】やや乾燥〜ふつう
【花　　期】夏
【使 い 方】シンボル、花壇中央
【一 緒 に】ゲラニウム、ディギタリス
【スタイル】コテージガーデン、ウッドランドガーデン

　ウィルスによる病害に注意が必要だが、園芸品種に比べて原種は強健。花が大きな品種は倒れやすいので支柱を設置する。ほとんどの種によい香りがある。雄しべの花粉が洋服につくと取れにくいので気を付けよう。

L. candidum
カンディデュム
マドンナリリー

【草丈】80〜150 cm
【草姿】すらっとしている　Z6 花 香

L. martagon
マルタゴン
マルタゴンリリー

【草丈】90〜200 cm
【草姿】すらっとしている　Z4 花

L. canadense
カナデンセ

【草丈】150 cm
【草姿】すらっとしている　Z5 花 香

L. lancifolium
ランキフォリウム(オニユリ)

【草丈】60〜150 cm
【草姿】すらっとしている　Z4 花 香

北国におすすめの宿根草 / 日なたの庭に向く品種

Lysimachia
リシマキア（オカトラノオ）

- 【科　　名】サクラソウ科
- 【原産地】北半球、アフリカ、南米、オーストラリアなど
- 【栽培適地】日なた～日陰
- 【土　　質】ふつう～やや湿潤
- 【花　　期】夏
- 【使い方】花壇後方、グラウンドカバー
- 【一緒に】ヘリアンツス、コレオプシス
- 【スタイル】ボーダー、ボグガーデン

どの種類も非常に強健。根張りがよく精力的に増える。花は星形。高性種はやせ気味の土の方が倒伏せず草姿が整う。

L. punctata
プンクタタ
- 【草丈】50～90cm
- 【草姿】すらっとしている

Z5 花

L. nummularia
ヌンムラリア（ヨウシュコナスビ）
- 【草丈】5cm
- 【草姿】低く広がる

Z4 花 葉

グラウンドカバー向き。つり鉢やハンギングバスケットにも

L. ciliata
キリアタ
- 【草丈】100～120cm
- 【草姿】すらっとしている

Z4 花 葉

L. ciliata 'Firecracker'
'ファイアークラッカー'

春の芽出しは赤みを帯びる

北国におすすめの宿根草　日なたの庭に向く品種

Lythrum
リスルム(ミソハギ)

- 【科　　名】ミソハギ科
- 【原 産 地】北米、ヨーロッパ、日本
- 【栽培適地】日なた
- 【土　　質】ふつう〜湿潤
- 【花　　期】夏〜秋
- 【使 い 方】群生、花壇中央
- 【一 緒 に】カンパヌラ、グラス類
- 【スタイル】ボグガーデン、メドウ

　湿った土壌を好むので、水辺か水はけの悪い場所の方がよく育つ。こぼれダネで増えるので、コントロールしたい場合は花後にすぐ刈り込もう。

L. salicaria
サリカリア(エゾミソハギ)

- 【草丈】90〜120 cm
- 【草姿】すらっとしている

Z3　花

L. salicaria 'Blush'
サリカリア 'ブラッシュ'

Macleaya
マクレアヤ(タケニグサ)

- 【科　　名】ケシ科
- 【原 産 地】日本、中国
- 【栽培適地】日なた
- 【土　　質】ふつう〜やや湿潤
- 【花　　期】夏〜秋
- 【使 い 方】花壇後方
- 【一 緒 に】グラス類、アキレア
- 【スタイル】ボーダー

　大型の宿根草。全体に白い粉に覆われ、茎は空洞になっている。日本では雑草扱いされることが多いが、その抜群の存在感から欧米では観賞用に栽培される。

M. microcarpa
ミクロカルパ

- 【草丈】200 cm
- 【草姿】すらっとしている

Z5　花　葉　茎

M. microcarpa 'Kelway's Coral Plume'
ミクロカルパ 'ケルウェイズ・コーラル・プリューム'

北国におすすめの宿根草　日なたの庭に向く品種

Monarda
モナルダ（ヤグルマハッカ）
ベルガモット

- 【科　　名】シソ科
- 【原 産 地】北米〜メキシコ
- 【栽培適地】日なた
- 【土　　質】乾燥〜ふつう
- 【花　　期】夏
- 【使 い 方】群生、花壇後方
- 【一 緒 に】エキナケア、サルウィア、エキノプス
- 【スタイル】コテージガーデン、メドウ

たいまつのような花が咲く。かんきつ系のよい香りがするので、ハーブティーの原料としても使われる。うどんこ病にかかりやすいので、芽出しのときから継続的に薬剤散布をするか、小まめに株分けして風通しをよくすること。

M. 'Prärienacht'
'プレリエナハト'
- 【草丈】90 cm
- 【草姿】すらっとしている

Z4 花 香

M. 'Schneewittchen'
'シュネービッチェン'
- 【草丈】90 cm
- 【草姿】すらっとしている

Z4 花 香

M. 'Mahogany'
'マホガニー'
- 【草丈】90 cm
- 【草姿】すらっとしている

Z4 花 香

M. 'Pink Lace'
'ピンク・レース'
- 【草丈】50 cm
- 【草姿】すらっとしている

Z4 花 香

M. 'Blaustrumpf'
'ブラウシュトルンプフ'
【草丈】90 cm
【草姿】すらっとしている
Z4 花 香

M. 'Panorama Red Shades'
'パノラマ・レッド・シェーズ'
【草丈】90～120 cm
【草姿】すらっとしている
Z4 花 香

Malva
マルウア（ゼニアオイ）

【科　　名】アオイ科
【原 産 地】ヨーロッパ南部、アフリカ北部、アジアの温帯、日本
【栽培適地】日なた
【土　　質】ふつう
【花　　期】夏
【使 い 方】花壇中央
【一 緒 に】ケンタウレア、ディギタリス
【スタイル】コテージガーデン、ボーダー

5弁の花は白～ピンク色で、女性らしい雰囲気のものが多い。大型種も多く、即効性を求めるなら最適。ただし、こぼれダネで増えるので要注意。

M. moschata
モスカタ（ジャコウアオイ）
ムスクマロウ
【草丈】30～60 cm
【草姿】すらっとしている
Z3 花 香

M. moschata 'Rosea'
モスカタ 'ロゼア'

M. moschata f. *alba*
モスカタ・アルバ

北国におすすめの宿根草 ｜ 日なたの庭に向く品種

Narcissus
ナルキッスス（スイセン）

- 【科　　名】ヒガンバナ科
- 【原 産 地】スペイン、ポルトガル、地中海沿岸、アフリカ北部など
- 【栽培適地】日なた〜日陰
- 【土　　質】やや乾燥〜やや湿潤
- 【花　　期】春
- 【使 い 方】芝生の中、群生
- 【一 緒 に】春咲き球根、ヘレボルス
- 【スタイル】ウッドランドガーデン、コテージガーデン

日なたへの植栽が好ましいが、日陰でも生育可能。湿気に強いのでほとんどの品種は掘り上げなくても大丈夫。植え込みは9月下旬ごろ、球根の1.5倍の深さに。

N. cyclamineus
シクラミネウス
- 【草丈】10〜15cm
- 【草姿】すらっとしている

Z6 花

N. cyclamineus 'Tête-à-tête'
シクラミネウス 'テータテート'

1茎に1〜2個の花をつけ、花弁は反り返る

N. triandrus
トリアンデュルス
- 【草丈】15〜25cm
- 【草姿】すらっとしている

Z4 花

N. triandrus 'Thalia'
トリアンデュルス 'タリア'

1茎に2〜6個、下向きのほっそりとした花をつける

N. 'Tripartite'
'トリパタイト'
- 【草丈】30〜45cm
- 【草姿】すらっとしている

Z6 花

遅咲きで、6月ごろにレモン色の花が下向きに咲く

N. 'Pink Charm'
'ピンク チャーム'
- 【草丈】30〜45cm
- 【草姿】すらっとしている

Z3 花

1茎に一つだけ花がつく（大杯水仙）

北国におすすめの宿根草　日なたの庭に向く品種

Nepeta
ネペタ（イヌハッカ）

- 【科　　名】シソ科
- 【原 産 地】北半球の熱帯以外
- 【栽培適地】日なた
- 【土　　質】乾燥〜ふつう
- 【花　　期】夏
- 【使 い 方】花壇の手前、グラウンドカバー
- 【一 緒 に】エキナケア、アキレア
- 【スタイル】コテージガーデン、ドライガーデン

葉はかんきつ系のよい香りがする。花期が長く、切り戻しで返り咲きする。やせ地の方が締まった株に育つ。

N. × faassenii
ファッセニイ
キャットミント

- 【草丈】45〜70 cm
- 【草姿】こんもりしている

Z3 花 香

N. nervosa
ネルウォサ

- 【草丈】45〜60 cm
- 【草姿】こんもりしている

Z5 花 香

N. nervosa 'Pink Cat'
ネルウォサ 'ピンク・キャット'

N. subsessilis
スブセッシリス（ミソガワソウ）

- 【草丈】45〜90 cm
- 【草姿】こんもりしている

Z3 花 香

N. subsessilis 'Washfield'
スブセッシリス 'ウォッシュフィールド'

N. subsessilis 'Pink Dreams'
スブセッシリス 'ピンク・ドリームス'

北国におすすめの宿根草 / 日なたの庭に向く品種

Papaver
パパウェル(ケシ)
ポピー

【科　　名】ケシ科
【原 産 地】ヨーロッパ中～南部、アジアの温帯、アフリカ南部、オーストラリア、北米西部、亜北極圏
【栽培適地】日なた
【土　　質】やや乾燥～ふつう
【花　　期】夏
【使 い 方】花壇中央
【一 緒 に】バラ、ペンステモン
【スタイル】コテージガーデン、ロックガーデン、メドウ

カップ咲きの花はサイズ、色ともにバリエーション豊富。肥沃な土壌を好むが、水はけのよいことが重要。花後のシードヘッド（写真）が非常に魅力的なので、株が充実しているなら花がらを摘まずに楽しみたい。

P. orientale
オリエンタレ
オリエンタルポピー

【草丈】45～90 cm
【草姿】すらっとしている

Z3 花 種

P. orientale 'Beauty of Livermere'
オリエンタレ 'ビューティー・オブ・リヴァメール'

P. orientale 'Perry's White'
オリエンタレ 'ペリーズ・ホワイト'

P. alpinum Hybrids
アルピヌム・ハイブリッズ
アルパインポピー

【草丈】15～20 cm
【草姿】すらっとしている

Z5 花 種

北国におすすめの宿根草
日なたの庭に向く品種

Penstemon
ペンステモン（イワブクロ）

【科　　名】オオバコ科
【原 産 地】北〜中央アメリカ
【栽培適地】日なた
【土　　質】ふつう
【花　　期】夏
【使 い 方】花壇の手前〜中央
【一 緒 に】アストランティア、ゲラニウム
【スタイル】コテージガーデン、ボーダーガーデン

主に下向きのラッパ形の花で、ジギタリスの花によく似ている。種類も豊富。蒸れに弱く本州では夏越しに苦労するが、北海道では心配ない。花つきがよく、株のまとまりもよいので使いやすい。

P. digitalis
ディギタリス

【草丈】50〜100 cm
【草姿】すらっとしている

Z3 花 葉 種

P. digitalis 'Husker Red'
ディギタリス 'ハスカー・レッド'

P. digitalis 'Dark Towers'
ディギタリス 'ダーク・タワーズ'

P. hirsutus
ヒルスツス

【草丈】40〜80 cm
【草姿】すらっとしている

Z3 花

P. hirsutus var. *pygmaeus*
ヒルスツス・ピグマエウス

【草丈】15 cm
【草姿】こんもりしている

Z3 花

小形のタイプ（わい性種）。ロックガーデン向き

北国におすすめの宿根草 / 日なたの庭に向く品種

Persicaria
ペルシカリア（イヌタデ）

- 【科　　名】タデ科
- 【原 産 地】主に北半球
- 【栽培適地】日なた
- 【土　　質】ふつう〜やや湿潤
- 【花　　期】夏〜秋
- 【使 い 方】花壇中央〜後方
- 【一 緒 に】アストランティア、ヘレニウム
- 【スタイル】コテージガーデン、ボーダー

小さな花を穂のようにつける。草丈はさまざまだが、非常に強健で花期も長い。カラーリーフとして楽しめるものもある。

P. polymorpha
ポリモルファ
- 【草丈】150〜200 cm
- 【草姿】すらっとしている

Z4 花

P. bistorta
ビストルタ（イブキトラノオ）
- 【草丈】30〜100 cm
- 【草姿】すらっとしている

Z3 花

P. bistorta 'Superba'
ビストルタ 'スパーバ'

P. amplexicaulis
アンプレクシカウリス
- 【草丈】120 cm
- 【草姿】すらっとしている

Z4 花

P. amplexicaulis 'Blackfield'
アンプレクシカウリス 'ブラックフィールド'

P. amplexicaulis 'Firetail'
アンプレクシカウリス 'ファイアーテイル'

北国におすすめの宿根草｜日なたの庭に向く品種

Phlomis
フロミス（オオキセワタ）

- 【科　　名】シソ科
- 【原 産 地】地中海沿岸〜中央アジア
- 【栽培適地】日なた
- 【土　　質】乾燥〜やや乾燥
- 【花　　期】夏
- 【使 い 方】花壇後方
- 【一 緒 に】エキナケア、リクニス
- 【スタイル】ドライガーデン

　乾燥した土地でなければうまく育たない。綿花に似た花が咲く。特徴的な花も素晴らしいが、シードヘッドも美しいので、秋まで刈り込まずに観賞してほしい。

P. fruticosa
フルティコサ
エルサレムセージ

- 【草丈】130 cm
- 【草姿】すらっとしている

Z7 花 種

コロンとした黄花が愛らしい。葉はセージに似ている

Physostegia
フィソステギア（カクトラノオ）

- 【科　　名】シソ科
- 【原 産 地】北米
- 【栽培適地】日なた
- 【土　　質】ふつう〜やや湿潤
- 【花　　期】秋
- 【使 い 方】花壇手前〜中央。群生させると見応えがある
- 【一 緒 に】フロクス、クロコスミア
- 【スタイル】コテージガーデン、ボーダー

　直立する茎にラッパのような花が咲く。茎の切断面は正方形に近い。非常に強健でよく増える。

P. virginiana
ウィルギニアナ（カクトラノオ）

- 【草丈】40〜120 cm
- 【草姿】すらっとしている

Z4 花

P. virginiana 'Rosea'
ウィルギニアナ 'ロゼア'

P. virginiana 'Alba'
ウィルギニアナ 'アルバ'

Phlox
フロクス
フロックス

【科　　名】	ハナシノブ科
【原 産 地】	北米、シベリア
【栽培適地】	日なた
【土　　質】	ふつう
【花　　期】	春～秋
【使 い 方】	花壇手前～中央
【一 緒 に】	プリムラ、クロコスミア
【スタイル】	コテージガーデン、ボーダー

春に咲く種、お盆ごろに咲く種、一年草種とさまざま。色やサイズも幅広いので、シーンや季節によって選びたい。総じてうどんこ病にかかりやすい。

P. divaricata
ディワリカタ

【草丈】30～45 cm
【草姿】低く広がる

Z4 花 香

P. divaricata 'Clouds of Perfume'
ディワリカタ 'クラウズ・オブ・パフューム'

P. divaricata 'White Perfume'
ディワリカタ 'ホワイト・パフューム'

春一番、一面に花を咲かせる。甘い香りに包まれる

P. maculata
マクラタ

【草丈】90 cm
【草姿】すらっとしている

Z5 花

P. carolina
カロリナ

【草丈】45～90 cm
【草姿】すらっとしている

Z5 花

P. maculata 'Natasha'
マクラタ 'ナターシャ'

P. carolina 'Bill Baker'
カロリナ 'ビル・ベーカー'

初夏に咲く。地下茎やこぼれダネで増える

P. paniculata
パニクラタ(クサキョウチクトウ)

【草丈】60～100 cm
【草姿】すらっとしている

Z4 花

P. paniculata 'White Admiral'
パニクラタ 'ホワイト・アドミラル'

P. paniculata 'Windsor'
パニクラタ 'ウィンザー'

P. paniculata 'Blue Paradise'
パニクラタ 'ブルー・パラダイス'

P. paniculata 'Blue Boy'
パニクラタ 'ブルー・ボーイ'

P. paniculata 'Miss Pepper'
パニクラタ 'ミス・ペッパー'

P. paniculata 'Laura'
パニクラタ 'ローラ'

北国におすすめの宿根草　日なたの庭に向く品種

お盆ごろに咲く。園芸品種が多くある。花が重いので支柱を設置した方がよい

Platycodon
プラティコドン(キキョウ)

【科　　名】キキョウ科
【原 産 地】アジア東部
【栽培適地】日なた
【土　　質】やや湿潤
【花　　期】夏
【使 い 方】花壇中央、群生

【一 緒 に】イリス・シビリカ、カワラナデシコ
【スタイル】ナチュラルガーデン、コテージガーデン

　一属一種。秋の七草にも数えられる。紙風船のようなつぼみから開花する。

P. grandiflorus
グランディフロルス(キキョウ)

【草丈】45〜70 cm
【草姿】すらっとしている

Z4　花

P. grandiflorus
グランディフロルス

P. grandiflorus 'Hakone White'
グランディフロルス 'ハコネ・ホワイト'

Polemonium
ポレモニウム(ハナシノブ)

【科　　名】ハナシノブ科
【原 産 地】北米、ヨーロッパ、アジア
【栽培適地】日なた
【土　　質】ふつう
【花　　期】春〜夏
【使 い 方】花壇手前〜中央

【一 緒 に】ラティルス、プリムラ
【スタイル】コテージガーデン、ボーダー

　繊細な花からは想像できないほど強健で育てやすい。葉や花、草丈のバリエーションも豊富なので、シーンに合わせて選ぼう。

P. caeruleum
カエルレウム

【草丈】30〜90 cm
【草姿】すらっとしている

Z4　花

P. caeruleum f. *album*
カエルレウム・アルブム

P. reptans
レプタンス
【草丈】30〜45 cm
【草姿】こんもりしている

Z4 花 葉

P. reptans 'Stairways to Heaven'
レプタンス 'ステアウェイ・トゥ・ヘヴン'

P. yezoense
エゾエンセ
【草丈】25〜45 cm
【草姿】すらっとしている

Z5 花 茎

P. yezoense 'Purple Rain Strain'
エゾエンセ 'パープル・レイン・ストレイン'

Potentilla
ポテンティラ（キジムシロ）

【科　　名】バラ科
【原 産 地】北半球の温帯、亜寒帯および寒帯
【栽培適地】日なた
【土　　質】やや乾燥
【花　　期】夏
【使 い 方】花壇の手前、グラウンドカバー

【一 緒 に】フラガリア・ウェリス（ワイルドストロベリー）、ネペタ
【スタイル】ドライガーデン、ローズガーデン

　5弁の花は白、黄色、オレンジなどさまざま。キンロバイのような低木もこの属に含まれる。宿根性種はどれもイチゴ似の葉をつける。

P. thurberi
ツルベリ
【草丈】60 cm
【草姿】こんもりしている

Z5 花

P. thurberi 'Monarch's Velvet'
ツルベリ 'モナークス・ベルベット'

P. × tonguei
トングエイ
【草丈】10〜15 cm
【草姿】低く広がる

Z5 花

北国におすすめの宿根草　日なたの庭に向く品種

Primula
プリムラ（サクラソウ）

- 【科　　名】サクラソウ科
- 【原 産 地】北半球の温帯
- 【栽培適地】日なた～半日陰
- 【土　　質】やや乾燥～湿潤
- 【花　　期】春～夏
- 【使 い 方】群生、コンテナ
- 【一 緒 に】ホスタ、アスティルベ
- 【スタイル】ナチュラルガーデン、ウッドランドガーデン

花の色やサイズなど多くの種類がある。耐寒性の強い品種が多いが、一年草扱いのものもあるので注意。ほとんどが春咲きで、季節を代表する植物の一つ。

P. japonica
ヤポニカ（クリンソウ）

- 【草丈】45～50 cm
- 【草姿】すらっとしている

Z5　花

P. japonica
ヤポニカ

P. japonica 'Appleblossom'
ヤポニカ 'アップルブロッサム'

P. elatior
エラティオル

- 【草丈】20 cm
- 【草姿】こんもりしている

Z5　花

P. elatior 'Gold Lace'
エラティオル 'ゴールド・レース'

P. elatior 'Silver Lace Black'
エラティオル 'シルバー・レース・ブラック'

北国におすすめの宿根草　日なたの庭に向く品種

P. veris
ウェリス
カウスリップ
【草丈】25 cm
【草姿】すらっとしている

Z5 花

P. veris
ウェリス

P. veris 'Katy McSparron'
ウェリス 'ケイティ・マクスパロン'

P. aurantiaca
アウランティアカ
【草丈】30 cm
【草姿】すらっとしている

Z3 花

P. denticulata
デンティクラタ
【草丈】45 cm
【草姿】こんもりしている

Z5 花

P. denticulata var. *alba*
デンティクラタ・アルバ

P. vialii
ウィアリイ
【草丈】60 cm
【草姿】すらっとしている

Z7 花

P. auricula subsp. *bauhinii*
アウリクラ・バウヒニイ
【草丈】15 cm
【草姿】こんもりしている

Z3 花

北国におすすめの宿根草 | 日なたの庭に向く品種

Pulsatilla
プルサティラ（オキナグサ）

- 【科　　名】キンポウゲ科
- 【原 産 地】北半球の温帯・亜寒帯
- 【栽培適地】日なた
- 【土　　質】やや乾燥〜ふつう
- 【花　　期】春
- 【使 い 方】花壇手前、コンテナ
- 【一 緒 に】アウブリエタ、春咲き球根
- 【スタイル】ロックガーデン、コテージガーデン

株全体に産毛が生えたようでフワッとやわらかい印象。早春に花を咲かせる。花後は羽毛のようなシードヘッドが魅力的。

P. vulgaris
ウルガリス（ヨウシュオキナグサ）

- 【草丈】20 cm
- 【草姿】こんもりしている

Z5　花　種

P. vulgaris 'Rote Glocke'
ウルガリス 'ローテ・グロッケ'

シードヘッド

Rheum
レウム（ダイオウ）

- 【科　　名】タデ科
- 【原 産 地】アジアの温帯
- 【栽培適地】日なた
- 【土　　質】ふつう〜やや湿潤
- 【花　　期】夏
- 【使 い 方】花壇後方
- 【一 緒 に】アリウム・スコエノプラスム（チャイブ）、ペルシカリア
- 【スタイル】キッチンガーデン、コテージガーデン

観賞用だが、ルバーブの名で知られるラバルバルム（*R. rhabarbarum*）だけは食用。大形の葉が特徴的で、花はタデのよう。

R. palmatum
パルマツム

- 【草丈】150〜250 cm
- 【草姿】こんもりしている

Z6　葉　茎

R. palmatum 'Atrosanguineum'
パルマツム 'アトロサングイネウム'

北国におすすめの宿根草　日なたの庭に向く品種

Rudbeckia
ルドベッキア（オオハンゴンソウ）
コーンフラワー

- 【科　　名】キク科
- 【原 産 地】北米
- 【栽培適地】日なた
- 【土　　質】ふつう
- 【花　　期】夏
- 【使 い 方】花壇中央
- 【一 緒 に】モナルダ、カラミンタ
- 【スタイル】コテージガーデン、メドウ

　マーガレットのような花。花弁の先はとがり、色は主に黄や茶色。八重咲き品種など種類が多く、シーンによって選べる。非常に強健で、在来植物の生態系に影響を及ぼす恐れがあるため植栽には注意が必要。

R. fulgida var. *sullivantii*
フルギダ・スリワンティイ
- 【草丈】60～90cm
- 【草姿】すらっとしている　Z3　花

R. fulgida var. *sullivantii* 'Goldsturm'
フルギダ・スリワンティイ 'ゴールドストラム'

R. occidentalis
オッキデンタリス
- 【草丈】60～150cm
- 【草姿】すらっとしている　Z3　花

R. occidentalis 'Green Wizard'
オッキデンタリス 'グリーン・ウィザード'

ルドベッキアの花があふれる元気な花壇

Ruellia
ルエリア（ルイラソウ）

- 【科　　名】キツネノマゴ科
- 【原 産 地】アメリカ大陸の熱帯、アフリカ、アジア、オーストラリア、北米
- 【栽培適地】日なた
- 【土　　質】乾燥〜ふつう
- 【花　　期】夏
- 【使 い 方】花壇の手前
- 【一 緒 に】シンフィオトリクム（アスター）、ゲラニウム
- 【スタイル】コテージガーデン、ドライガーデン

ペチュニアに似たラッパ状の花を咲かせる。秋の紅葉も美しい。種類が非常に多く花色、草姿もさまざま。

R. humilis
フミリス
ワイルドペチュニア

- 【草丈】30〜40 cm
- 【草姿】低く広がる

[Z4] [花] [紅]

紅葉した状態

Rumex
ルメクス（ギシギシ）
ルメックス

- 【科　　名】タデ科
- 【原 産 地】温帯
- 【栽培適地】日なた
- 【土　　質】乾燥〜ふつう
- 【花　　期】初夏
- 【使 い 方】花壇の手前
- 【一 緒 に】アリウム・スコエノプラスム（チャイブ）、ユッカ
- 【スタイル】ドライガーデン、ロックガーデン

ほとんどが雑草として扱われるが、他にはないカラーリーフが魅力。ただし、こぼれダネで驚異的に増えるものが多いので、植栽には注意が必要。

R. flexuosus
フレクスオスス

- 【草丈】15〜25 cm
- 【草姿】低く広がる

[Z7] [葉]

Salvia
サルウィア
サルビア

- 【科　　名】シソ科
- 【原産地】温帯から熱帯にかけて広く分布
- 【栽培適地】日なた
- 【土　　質】乾燥～ふつう
- 【花　　期】夏
- 【使い方】花壇手前～中央
- 【一緒に】バラ、エウフォルビア
- 【スタイル】コテージガーデン、ドライガーデン

花つきがよく、さまざまな種類があるが、耐寒性にばらつきがあるので選択には注意が必要。ハーブとして使用される種もある。ほとんどの種の葉に香りがある。

S. nemorosa
ネモロサ
- 【草丈】50～100 cm
- 【草姿】すらっとしている

Z5 花 香

S. nemorosa 'Amethyst'
ネモロサ 'アメジスト'

S. nemorosa 'Caradonna'
ネモロサ 'カラドンナ'

S. pratensis
プラテンシス
- 【草丈】30～90 cm
- 【草姿】すらっとしている

Z3 花 香

S. pratensis 'Rose Rhapsody'
プラテンシス 'ローズ・ラプソディ'

S. pratensis 'Swan Lake'
プラテンシス 'スワン・レイク'

北国におすすめの宿根草　日なたの庭に向く品種

Sanguisorba
サングイソルバ(ワレモコウ)

【科　　名】バラ科
【原 産 地】北半球の温帯
【栽培適地】日なた
【土　　質】ふつう
【花　　期】秋
【使 い 方】花壇中央
【一 緒 に】スタキス・ビザンティナ(ラムズイヤー)、モナルダ
【スタイル】コテージガーデン、メドウ

長く細い茎の先に咲く花はフワフワと宙に浮いているように見えるため、植栽が軽やかな印象に。秋の風情を感じさせ、和風の場面にも似合う。

S. 'Pink Brushes'
'ピンク・ブラッシーズ'
【草丈】60〜80 cm
【草姿】すらっとしている   Z4 花

S. tenuifolia
テヌイフォリア
【草丈】80〜130 cm
【草姿】こんもりしている   Z4 花

S. tenuifolia 'Alba'
テヌイフォリア 'アルバ'

S. officinalis
オッフィキナリス(ワレモコウ)
【草丈】80〜100 cm
【草姿】こんもりしている   Z4 花

S. obtusa
オブツサ
【草丈】50 cm
【草姿】すらっとしている   Z5 花

S. officinalis 'Pink Tanna'
オッフィキナリス 'ピンク・タンナ'

Scabiosa
スカビオサ（マツムシソウ）

- 【科　　名】マツムシソウ科
- 【原 産 地】ヨーロッパ、アジア、アフリカ
- 【栽培適地】日なた
- 【土　　質】乾燥～ふつう
- 【花　　期】夏
- 【使 い 方】花壇中央～後方
- 【一 緒 に】アキレア、サルウィア
- 【スタイル】コテージガーデン、ドライガーデン

薄紙のような質感の花は品種によってサイズが違い、雰囲気も大きく異なる。一年草扱いや、耐寒性の弱いものもあるので注意。

S. columbaria
コルンバリア（セイヨウイトバマツムシソウ）

- 【草丈】70 cm
- 【草姿】こんもりしている

Z6 花

> 長く伸びた細い茎に花が咲くので、宙に浮いているように見える

S. caucasica
カウカシカ（コーカサスマツムシソウ）

- 【草丈】40 cm
- 【草姿】こんもりしている

Z4 花

S. caucasica 'Perfecta Alba'
カウカシカ 'パーフェクタ・アルバ'

スカビオサはメドウによく合う

北国におすすめの宿根草　日なたの庭に向く品種

Scilla
スキラ（ツルボ）
シラー

- 【科　　名】キジカクシ科
- 【原 産 地】ヨーロッパ、アジア、アフリカの温帯と熱帯
- 【栽培適地】日なた
- 【土　　質】乾燥〜ふつう
- 【花　　期】春
- 【使 い 方】群生
- 【一 緒 に】プルモナリア、バラ
- 【スタイル】コテージガーデン、ウッドランドガーデン

小さな花だが、群生させることで花の少ない時期に見どころをつくれる。花は星形で上向きのものから、下向きのベル形までさまざま。球根は比較的安価で、子球をつくりやすく、植えっぱなしでよい。

S. siberica
シベリカ
シラー・シベリカ

- 【草丈】10〜20 cm
- 【草姿】すらっとしている

Z5　花

Sidalcea
シダルケア

- 【科　　名】アオイ科
- 【原 産 地】北米北西部
- 【栽培適地】日なた
- 【土　　質】普通〜やや湿潤
- 【花　　期】夏
- 【使 い 方】花壇中央
- 【一 緒 に】ゲラニウム、イリス
- 【スタイル】コテージガーデン、ボーダーガーデン

5弁の花が茎に柱状に連なって咲く。切れ込みの深い葉も特徴的。タチアオイ（*Alcea rosea*）を小形にした感じ。

S. candida
カンディダ

- 【草丈】45〜90 cm
- 【草姿】すらっとしている

Z5　花

S. 'Mr Lindbergh'
'ミスター・リンドバーグ'
【草丈】90〜120 cm
【草姿】すらっとしている

Z5 花

S. 'Rosaly'
'ロサリー'
【草丈】90〜120 cm
【草姿】すらっとしている

Z4 花

Silene
シレネ（マンテマ）

【科　　名】ナデシコ科
【原 産 地】北半球、アフリカ南部
【栽培適地】日なた
【土　　質】乾燥〜ふつう
【花　　期】春〜夏
【使 い 方】グラウンドカバー

【一　緒　に】ゲラニウム、アルメリア
【スタイル】ロックガーデン、コテージガーデン

花の付け根がぷっくりと袋状にふくらむ。こぼれダネでよく増えるので注意が必要。一年草種もある。

S. uniflora
ウニフロラ

【草丈】20 cm
【草姿】低く広がる

Z3 花 葉

S. dioica
ディオイカ
レッドキャンピオン

【草丈】40〜60 cm
【草姿】すらっとしている

Z6 花

S. uniflora 'Compacta'
ウニフロラ 'コンパクタ'

灰色がかった細かい葉が美しい。マット状に広がるのでグラウンドカバーとして使える

こぼれダネでとにかく増える。植栽する場合は要注意

北国におすすめの宿根草　日なたの庭に向く品種

Stachys
スタキス（イヌゴマ）

- 【科　　名】シソ科
- 【原 産 地】オーストラリアを除く温帯
- 【栽培適地】日なた
- 【土　　質】乾燥〜ふつう
- 【花　　期】夏
- 【使 い 方】花壇手前
- 【一 緒 に】エウフォルビア、アリウム・スコエノプラツム（チャイブ）
- 【スタイル】ドライガーデン、コテージガーデン

耐寒性・耐暑性に優れ、丈夫で育てやすい。花もちがよく、花期も比較的長い。

S. byzantina
ビザンティナ（ワタチョロギ）
ラムズイヤー

- 【草丈】40 cm
- 【草姿】すらっとしている

Z5 花 葉

短い毛が密生したような葉は、名前の通り「子羊の耳」のような形と手触り

S. recta
レクタ

- 【草丈】40 cm
- 【草姿】すらっとしている

Z4 花

クリーム色の花弁が反ったように咲く。強健

S. monieri
モニエリ

- 【草丈】40 cm
- 【草姿】すらっとしている

Z4 花

花つきがよく、丸みを帯びた葉も愛らしい

Stokesia
ストケシア（ルリギク）

- 【科　　名】キク科
- 【原 産 地】北米南東部
- 【栽培適地】日なた
- 【土　　質】乾燥～ふつう
- 【花　　期】夏
- 【使 い 方】花壇手前
- 【一 緒 に】ゲラニウム、エキナケア
- 【スタイル】ボーダー、コテージガーデン

　ヤグルマギクに似た大ぶりな青紫の花が次々と開花する。シードヘッドを残せば秋まで楽しめる。一属一種。

S. laevis
ラエウィス
- 【草丈】45 cm
- 【草姿】こんもりしている

Z5 花

S. laevis 'White Star'
ラエウィス 'ホワイト・スター'

Succisella
スッキセラ
サクシセラ

- 【科　　名】マツムシソウ科
- 【原 産 地】ヨーロッパ
- 【栽培適地】日なた
- 【土　　質】乾燥～ふつう
- 【花　　期】秋
- 【使 い 方】花壇中央
- 【一 緒 に】グラス類、ヘリオプシス
- 【スタイル】グラスガーデン

　コロコロとした玉のような花は、茎が細いので宙に浮いたように見える。風に揺れる姿が魅力的。

S. inflexa
インフレクサ
- 【草丈】100 cm
- 【草姿】すらっとしている

Z5 花

> 非常に強健でこぼれダネで増える。白花の'フロステッド・パールズ'は株分けや移植を長く行わないと青色の基本種に戻ることがある

北国におすすめの宿根草 / 日なたの庭に向く品種

Symphyotrichum
シンフィオトリクム
アスター

- 【科　　名】キク科
- 【原 産 地】北米
- 【栽培適地】日なた〜半日陰
- 【土　　質】やや乾燥〜やや湿潤
- 【花　　期】秋
- 【使 い 方】花壇前方〜中央、グラウンドカバー、園路の縁どり
- 【一 緒 に】ヒロテレフィウム、グラス類、ルドベキア
- 【スタイル】ボーダー、ナチュラルガーデン、コテージガーデン、オータムボーダー

紫を中心に、ピンクや白などの花色があり、秋の庭で貴重な彩りとなる。以前はアステル（シオン）属に分類されており、今もアスターの名で流通している。

S. lateriflorum
ラテリフロルム

- 【草丈】120 cm
- 【草姿】こんもりしている

[Z3] [花] [葉]

S. lateriflorum var. horizontalis
ラテリフロルム・ホリゾンタリス

S. lateriflorum 'Prince'
ラテリフロルム 'プリンス'

> 花色は白か、ごく薄い紫

S. dumosum
デュモスム

- 【草丈】20〜40 cm
- 【草姿】低く広がる

[Z3] [花]

S. dumosum 'Lady in Blue'
デュモスム 'レディ・イン・ブルー'

> 花色は紫、青、ピンク、白など

S. turbinellum
ツルビネルム

- 【草丈】120 cm
- 【草姿】こんもりしている

[Z5] [花]

S. 'Little Carlow'
'リトル・カーロウ'

【草丈】90 cm
【草姿】こんもりしている

Z3 花

S. novae-angliae
ノワエ - アングリアエ(ネバリノギク)
ニューイングランドアスター

【草丈】150 cm
【草姿】こんもりしている

Z2 花

S. novae-angliae 'Herbstchnee'
ノワエ - アングリアエ 'ヘルブストクネエ'

花色はピンクや紫、白など

Symphytum
シンフィツム(ヒレハリソウ)

【科　　名】ムラサキ科
【原産地】ヨーロッパ～コーカサス
【栽培適地】日なた
【土　　質】乾燥～ふつう
【花　　期】春
【使い方】花壇手前
【一緒に】ゲラニウム、ペルシカリア
【スタイル】ボーダー、ドライガーデン

　短い毛に覆われた葉が特徴。花はつり下がり、複数が固まってつく。コンフリーとして知られるのはオフィキナレという種。

S. grandiflorum
グランディフロルム

【草丈】40 cm
【草姿】すらっとしている

Z3 花 葉

S. grandiflorum 'Gold Smith'
グランディフロルム 'ゴールド・スミス'

白から青のグラデーションになる花と、黄緑からクリーム色へと変化する斑入り葉が特徴

北国におすすめの宿根草 / 日なたの庭に向く品種

Thalictrum
タリクトルム（カラマツソウ）

- 【科　　名】キンポウゲ科
- 【原 産 地】北半球の温帯
- 【栽培適地】日なた
- 【土　　質】ふつう〜湿潤
- 【花　　期】夏
- 【使 い 方】花壇中央
- 【一 緒 に】エキナケア、ホスタ
- 【スタイル】ボーダー、ウッドランドガーデン

初夏に林床で涼しげな葉を広げ群生する。花は非常に小さいが繊細で、花弁が開ききると雄しべが花火のようにはじける。園芸種は特に花の重みで倒れやすいので、春のうちに支柱を施すとよい。

T. delavayi
デラワイ

【草丈】120 cm
【草姿】すらっとしている

Z7 花 葉

八重咲きの桃色の花が愛らしい

T. delavayi 'Hewitt's Double'
デラワイ 'ヒューイッツ・ダブル'

T. delavayi 'Album'
デラワイ 'アルブム'

T. 'Elin'
'エリン'

【草丈】250 cm
【草姿】すらっとしている

Z5 花 葉

T. flavum
フラウム（キバナカラマツソウ）

【草丈】90 cm
【草姿】すらっとしている

Z6 花 葉

北国におすすめの宿根草　日なたの庭に向く品種

T. rochebrunianum
ロケブルニアヌム(シキンカラマツ)
【草丈】100 cm
【草姿】すらっとしている [Z6] [花] [葉]

T. aquilegifolium
アクイレギフォリウム
【草丈】100 cm
【草姿】すらっとしている [Z6] [花] [葉]

T. aquilegifolium 'Album'
アクイレギフォリウム 'アルブム'

Tanacetum
タナケツム(ヨモギギク)

【科　　名】キク科
【原 産 地】北半球の温帯
【栽培適地】日なた
【土　　質】やや乾燥〜ふつう
【花　　期】夏
【使 い 方】花壇前方〜中央
【一 緒 に】サルウィア、グラス類
【スタイル】ドライガーデン、ボーダー、ロックガーデン

　辺花(花弁)は白やピンク、赤などで、デイジーのように平ら。黄色の心花(中央の部分)とのコントラストが楽しい。

T. coccineum
コッキネウム(アカバナムシヨケギク)
クリサンセマム・コッキネウム、ピレスルム・コッキネウム
【草丈】45〜75 cm
【草姿】すらっとしている [Z5] [花]

T. coccineum 'Duro'
コッキネウム 'デューロー'

T. coccineum 'Robinson Pink'
コッキネウム 'ロビンソン・ピンク'

花は直径10 cm以上もあり華やか

北国におすすめの宿根草／日なたの庭に向く品種

Thermopsis
テルモプシス（センダイハギ）

【科　　名】	マメ科
【原 産 地】	北米、アジア北部・東部とヒマラヤ
【栽培適地】	日なた
【土　　質】	乾燥〜ふつう
【花　　期】	夏
【使 い 方】	花壇中央
【一 緒 に】	サルウィア、クナウティア
【スタイル】	ドライガーデン

T. caroliniana
カロリニアナ
【草丈】100 cm
【草姿】こんもりしている

Z4 花 種

初夏にマメ科らしいコロンとした黄色い花を咲かせる。花後のシードヘッドも美しく、秋になると株全体が黒っぽく染まる。

Tradescantia
トラデスカンティア（ムラサキツユクサ）

【科　　名】	ツユクサ科
【原 産 地】	北米、熱帯アメリカ
【栽培適地】	日なた
【土　　質】	乾燥〜ふつう
【花　　期】	夏
【使 い 方】	花壇の手前
【一 緒 に】	ミスカンツス、ネペタ
【スタイル】	ボーダー、コテージガーデン

T. × andersoniana
アンデルソニアナ
【草丈】40〜50 cm
【草姿】外向きに広がる

Z5 花

非常に強健で、こぼれダネで増えるので要注意。次々と開花するので長期間、花を楽しめる。花後に葉が枯れ込んでしまうことが多いので、地際まで切り戻す。ただし2番花を楽しみたい場合はそのままで。

青紫色の基本色の他に、白、赤紫色などさまざまな花や、葉が黄色い品種が作出されている

Thymus
ティムス（イブキジャコウソウ）
タイム

【科　　名】シソ科	【一　緒　に】バラ、ネペタ
【原 産 地】北半球	【スタイル】ハーブガーデン、グラウンドカバー
【栽培適地】日なた	
【土　　質】乾燥〜ふつう	
【花　　期】初夏	
【使 い 方】グラウンドカバー、花壇の手前	

　非常によい香りのハーブ。ランナーで増えるタイプやこぼれダネで増えるタイプなどさまざま。種類も多く、用途によって選べる。

T. vulgaris
ウルガリス（タチジャコウソウ）
コモンタイム

【草丈】20 cm
【草姿】こんもりしている

[Z7] [花] [香]

料理ならこの品種が使いやすい。株分けで増やす

T. vulgaris 'Silver Posie'
ウルガリス 'シルバー・ポージー'

T. serpyllum
セルピルム
クリーピングタイム

【草丈】10 cm
【草姿】低く広がる

[Z5] [花] [葉] [香]

踏圧に強いので芝生の代わりに。ランナーで増える

T. praecox
プラエコクス

【草丈】5 cm
【草姿】低く広がる

[Z5] [花] [葉] [香]

葉が最も密になる。セルピルムより成長がゆっくり

北国におすすめの宿根草　日なたの庭に向く品種

Tulipa
ツリパ
チューリップ

- 【科　　名】ユリ科
- 【原 産 地】アジア中央部、アフリカ北部
- 【栽培適地】日なた
- 【土　　質】乾燥
- 【花　　期】春
- 【使 い 方】どこでも
- 【一 緒 に】エウフォルビア、ミオソティス（ワスレナグサ）
- 【スタイル】ボーダー

数多くの品種があるので、春に気に入った花を見かけたら必ず名前を控えておき、秋の植え込みシーズンまでに球根を入手したい。厳冬期までの間に少しでも発根させたいので、植え込みは9月下旬〜10月中旬に。

T. Hybrid
ツリパ（園芸品種）
チューリップ

- 【草丈】30〜60 cm
- 【草姿】すらっとしている

Z5〜6　花

T. 'Ballerina'
'バレリーナ'

T. 'Green Star'
'グリーン スター'

T. 'Queen of Night'
'クィーン・オブ・ナイト'

T. 'Princess Irene'
'プリンセス・イレーネ'

> 花形などで七つの系統に分かれ、花の咲く時期は微妙に異なる。翌年の花の規格をそろえるためには、花後に掘り上げた方がよい

T. Species
ツリパ(原種系)
原種系チューリップ
【草丈】10～30 cm
【草姿】すらっとしている

Z5～6 花

小さくかわいらしいため、最近特に人気が高い。植えっぱなしでも大丈夫

T. turkestanica
ツルケスタニカ

T. urumiensis
ウルミエンシス

Trollius
トロリウス(キンバイソウ)

【科　　名】キンポウゲ科
【原 産 地】北半球の温帯～寒帯
【栽培適地】日なた
【土　　質】ふつう～湿潤
【花　　期】夏
【使 い 方】花壇中央
【一 緒 に】イリス
【スタイル】ボグガーデン、ボーダー

コロンとしたカップ形の花が愛らしい。ロックガーデンに植栽されることもあるが、一般的に湿潤な土壌の方を好む。その土地に合えば手入れ不要で大きく成長するが、そうでなければ短命で終わる。

T. europaeus
エウロパエウス(セイヨウキンバイ)
【草丈】10～70 cm
【草姿】すらっとしている

Z5 花

土壌が乾燥気味であれば、半日陰に植栽を

T. × cultorum
クルトルム
【草丈】60 cm
【草姿】すらっとしている

Z5 花

T. × cultorum 'Cheddar'
クルトルム 'チェダー'

薄いクリーム色の花がとても上品

北国におすすめの宿根草　日なたの庭に向く品種

Veronica
ウェロニカ（クワガタソウ）

- 【科　　名】オオバコ科
- 【原 産 地】北半球
- 【栽培適地】日なた
- 【土　　質】ふつう
- 【花　　期】夏～秋
- 【使 い 方】花壇の手前、グラウンドカバー
- 【一 緒 に】ディアンツス、ゲラニウム
- 【スタイル】コテージガーデン、ロックガーデン

小さい花が株を覆うように咲く。多くの種があるが、ほとんどが雑草として扱われ、観賞用に栽培されるものは少ない。庭で使われる種は花期の長いものが多い。

V. lyallii
リアリィ
パラヘーベ・ライアリイ

- 【草丈】20 cm
- 【草姿】こんもりしている

Z8　花

木質の茎に小さな葉がつく。花期は非常に長く、次々と咲き続ける。耐寒性が弱いので、できるだけ住宅のそばなど地温の高い場所に植栽しよう

V. fruticans
フルティカンス
アルパインスピードウェル

- 【草丈】5～15 cm
- 【草姿】こんもりしている

Z5　花

Veronicastrum
ウェロニカストルム（クガイソウ）

- 【科　　名】オオバコ科
- 【原 産 地】ヒマラヤ、中国、日本、シベリア、北米
- 【栽培適地】日なた
- 【土　　質】ふつう～やや湿潤
- 【花　　期】夏
- 【使 い 方】花壇後方、ウッドランドガーデン
- 【一 緒 に】ミスカンツス、ノリウツギ
- 【スタイル】ウッドランドガーデン、ボーダー

野山でも見かける青紫色の花。小さな花が集まり尻尾のよう。葉は茎を中心に車状にくるりとつく。強健で、大株に育つものが多い。

北国におすすめの宿根草　日なたの庭に向く品種

V. sibiricum
シビリクム(エゾクガイソウ)
【草丈】80〜130 cm
【草姿】すらっとしている

[Z3] [花]

> スッと立ち上がる花は、縦のラインが強調されて植栽にリズムが生まれる

V. virginicum
ウィルギニクム
【草丈】150〜180 cm
【草姿】すらっとしている

[Z3] [花] [葉]

> 北米原産。ピンクや白花の園芸品種が多く作出されている。数株をまとめて植栽すると見応えがある

Yucca
ユッカ(イトラン)

【科　　名】リュウゼツラン科
【原 産 地】中米〜北米
【栽培適地】日なた
【土　　質】乾燥
【花　　期】初夏
【使 い 方】シンボル
【一 緒 に】エウフォルビア、カレクス
【スタイル】ドライガーデン、ロックガーデン

　成長が非常にゆっくりなため、株を充実させ花を咲かせるまでにはかなりの時間を要するが、葉の存在感がすばらしいので花がなくても楽しめる。混植よりも、一つの株をシンボリックに目立たせたい。

Y. filamentosa
フィラメントサ(イトラン)
【草丈】50 cm（開花状態では 150 cm）
【草姿】外向きに広がる

[Z7] [花] [葉]

> 葉の縁に糸状の繊維を出すが、これが非常に魅力的。じっくりと観察できる花壇の手前に植栽したい

北国におすすめの宿根草　日なたの庭に向く品種

半日陰・日陰の庭に向く品種

Aconitum
アコニツム（トリカブト）

- 【科　　名】キンポウゲ科
- 【原 産 地】北半球の暖帯〜寒帯
- 【栽培適地】半日陰〜日陰
- 【土　　質】ふつう〜湿潤
- 【花　　期】夏〜秋
- 【使 い 方】花壇中段〜後方
- 【一 緒 に】アネモネ・フペヘンシス、グラス類
- 【スタイル】ウッドランドガーデン、シェードガーデン

フードをかぶったような形の花が咲く。花弁のように見える部分は萼（がく）で、花弁は蜜腺に姿を変えている。花色は淡い黄色〜青紫色が主。花の美しさに対し、ほとんどの種類において毒性があるので、取り扱いには注意したい。

A. carmichaelii
カルミカエリイ（トリカブト、ハナトリカブト）

- 【草丈】150〜180 cm
- 【草姿】すらっとしている

Z3 花

園芸品種が豊富。シーズンの終盤、庭が色彩をなくし始めたころに開花するので大変よく目立つ

A. carmichaelii 'Arendsii'
カルミカエリイ 'アレンジー'

A. carmichaelii 'Cloudy'
カルミカエリイ 'クラウディ'

A. napellus
ナペルス（ヨウシュトリカブト）

- 【草丈】150 cm
- 【草姿】すらっとしている

Z6 花

A. lamarckii
ラマルキイ

- 【草丈】100〜120 cm
- 【草姿】すらっとしている

Z6 花

白花品種（*A. napellus* 'Album'）もある

北国におすすめの宿根草　半日陰・日陰の庭に向く品種

Actaea
アクタエア（ルイヨウショウマ）

- 【科　　名】キンポウゲ科
- 【原 産 地】北半球の暖帯
- 【栽培適地】半日陰～日陰
- 【土　　質】ふつう～やや湿潤
- 【花　　期】秋
- 【使 い 方】花壇の後方
- 【一 緒 に】エウパトリウム、キレンゲショウマ、アネモネ・フペヘンシス
- 【スタイル】ウッドランドガーデン、シェードガーデン、ボーダー

　以前はキミキフガ属に分類されていたもの（サラシナショウマなど）も、近年アクタエア属として扱われることが多い。草丈が高く、スッと立つ。ブラシや動物の尾に似た細長い花序がつく。

A. simplex
シンプレクス

- 【草丈】100～180 cm
- 【草姿】すらっとしている

Z4 花 葉 種 香

A. simplex 'Brunette'
シンプレクス 'ブルネッテ'

Ajuga
アユガ（キランソウ）
アジュガ

- 【科　　名】シソ科
- 【原 産 地】ヨーロッパ、アジア
- 【栽培適地】半日陰～日陰
- 【土　　質】ふつう～やや湿潤
- 【花　　期】春～夏
- 【使 い 方】花壇の手前、シンボルツリーの周囲、グラウンドカバー
- 【一 緒 に】プリムラ、ヘレボルス、ホスタ、シダ類
- 【スタイル】ウッドランドガーデン、シェードガーデン

　日陰のグラウンドカバーに最適。育てやすく初心者向き。春の終わりごろから初夏にかけて青い花が咲く。

A. reptans
レプタンス

- 【草丈】15 cm
- 【草姿】低く広がる

Z6 花 葉

常緑性。濃い紫色で、やや光沢のある葉が特徴

北国におすすめの宿根草　半日陰・日陰の庭に向く品種

Arisaema
アリサエマ（テンナンショウ）

- 【科　　名】サトイモ科
- 【原 産 地】ヒマラヤ、中国、日本、北米
- 【栽培適地】半日陰
- 【土　　質】やや湿潤～湿潤
- 【花　　期】春
- 【使 い 方】落葉樹の下
- 【一 緒 に】エピメディウム、ポドフィルム、シダ類
- 【スタイル】シェードガーデン、ウッドランドガーデン

エキゾチックな雰囲気をもち、花の形や模様が個性的。地面から伸びる花茎にも種類によって違うが模様がある。花後にできる果実もまた独特の雰囲気。

A. serratum
セラツム（マムシグサ）

- 【草丈】20～80 cm
- 【草姿】すらっとしている

Z5 花 実

北海道に自生する

A. nepenthoides
ネペントイデス

- 【草丈】60 cm
- 【草姿】すらっとしている

Z8 花 実

Aruncus
アルンクス（ヤマブキショウマ）

- 【科　　名】バラ科
- 【原 産 地】北半球
- 【栽培適地】半日陰～日陰
- 【土　　質】ふつう～湿潤
- 【花　　期】夏
- 【使 い 方】花壇の前方～中段
- 【一 緒 に】ホスタ、アストランティア、ブルネラ、グラス類
- 【スタイル】ホワイトガーデン、ウッドランドガーデン、ナチュラルガーデン

アスティルベに似ているが別属で、乳白色の花が咲く。自生のヤマブキショウマもこの属に含まれる。寒冷地では日なたでも育てられる。

北国におすすめの宿根草　半日陰・日陰の庭に向く品種

A. dioicus
ディオイクス
【草丈】150〜200 cm
【草姿】こんもりしている
Z7 花 種

A. aethusifolius
アエツシフォリウス
【草丈】40 cm
【草姿】こんもりしている
Z3 花 紅 種

繊細な葉が大変美しい。半球状に育ち、芽出しから紅葉（写真下）まで楽しめる

Asarum
アサルム（カンアオイ）

【科　　名】	ウマノスズクサ科
【原産地】	ヨーロッパ、アジア西部、北米
【栽培適地】	半日陰〜日陰
【土　　質】	ふつう〜湿潤
【花　　期】	春
【使い方】	グラウンドカバー、樹木の株元
【一緒に】	プルモナリア、ヘウケラ、ポリゴナツム、シダ類
【スタイル】	シェードガーデン、ウッドランドガーデン

A. europaeum
エウロパエウム（オウシュウサイシン）
【草丈】15 cm
【草姿】低く広がる
Z5 葉

葉の美しさが魅力。江戸時代にはキクやアサガオなどと並んで流行し、多くの品種が作出された。美しい葉の下に隠れて目立たないが花も咲く。

北国におすすめの宿根草　半日陰・日陰の庭に向く品種

Astilbe
アスティルベ（チダケサシ）
アスチルベ

【科　　名】ユキノシタ科
【原産地】アジア南西部、北米
【栽培適地】半日陰〜日陰
【土　　質】ふつう〜湿潤
【花　　期】夏
【使い方】花壇前方〜中段
【一緒に】ホスタ、アルンクス、フィリペンデュラ、リグラリア
【スタイル】シェードガーデン、ウッドランドガーデン、ナチュラルガーデン

日陰で明るい花を咲かせる貴重な存在。花色は赤、ピンク、白など。丈夫で育てやすい。北海道なら、乾燥しない土壌であれば日なたでも十分に育てられる。

A. japonica
ヤポニカ（アワモリショウマ）
【草丈】40〜70 cm
【草姿】こんもりしている

Z5 | 花 | 種

A. japonica 'Deutschland'
ヤポニカ'ドイチュランド'

A. japonica 'Sister Therese'
ヤポニカ'シスター・テレーズ'

A. × arendsii
アレンジイ
【草丈】60〜100 cm
【草姿】こんもりしている

Z6 | 花 | 種

A. × arendsii 'Diamant'
アレンジイ'ディアマント'

A. × arendsii 'Fanal'
アレンジイ'ファナル'

北国におすすめの宿根草　半日陰・日陰の庭に向く品種

Brunnera
ブルネラ
ブルンネラ

【科　　名】	ムラサキ科
【原　産　地】	ヨーロッパ東部、アジア北西部
【栽培適地】	半日陰
【土　　質】	やや湿潤～湿潤
【花　　期】	春
【使 い 方】	花壇の前方、落葉樹の株元、グラウンドカバー
【一 緒 に】	エピメディウム、アサルム、ホスタ、ブルモナリア
【スタイル】	ウッドランドガーデン、ボーダー、シェードガーデン

小さな青や白色の花をたくさん咲かせる。葉の美しい園芸品種も多い。日陰のイメージが強いが、冷涼な道内では土壌が十分に湿潤であれば日なたでも育てられる。水はけのよい土壌は必須。

B. macrophylla
マクロフィラ
【草丈】45 cm
【草姿】こんもりしている

Z3 花 葉

B. macrophylla
マクロフィラ

B. macrophylla 'Dawson's White'
マクロフィラ 'ドーソンズ・ホワイト'

B. macrophylla 'Jack Frost'
マクロフィラ 'ジャック・フロスト'

B. macrophylla 'Betty Bowring'
マクロフィラ 'ベティ・ボウリング'

北国におすすめの宿根草　半日陰・日陰の庭に向く品種

Cyclamen
シクラメン

- 【科　　名】サクラソウ科
- 【原 産 地】地中海沿岸東部〜イラン、地中海沿岸南部〜ソマリア
- 【栽培適地】半日陰〜日陰
- 【土　　質】ふつう
- 【花　　期】春、秋
- 【使 い 方】落葉樹の株元、グラウンドカバー
- 【一 緒 に】春咲き球根、フッキソウ
- 【スタイル】ウッドランドガーデン、シェードガーデン

戸外で越冬できる種は限られる。春咲きと秋咲きがある。

C. coum
コウム
- 【草丈】5〜8 cm
- 【草姿】低く広がる

Z6　花　葉

春咲き

C. hederifolium
ヘデリフォリウム
- 【草丈】5〜15 cm
- 【草姿】低く広がる

Z6　花　葉

秋咲き

Dicentra
ディケントラ（コマクサ）

- 【科　　名】ケシ科
- 【原 産 地】アジア、北米
- 【栽培適地】半日陰
- 【土　　質】ふつう〜やや湿潤
- 【花　　期】春、秋
- 【使 い 方】花壇前方〜中央、落葉樹の下
- 【一 緒 に】ホスタ、シダ類、フロックス・ディワリカタ、エピメディウム
- 【スタイル】シェードガーデン、ウッドランドガーデン

赤、ピンク、淡い黄色などの花が、日陰の庭を上品に彩る。葉の色も美しい。庭でよく使われるケマンソウ（スペクタビリス、*D. spectabilis*）は近年、ランプロカプノス属（*Lamprocapnos*）に分類されている。

D. eximia
エクシミア
- 【草丈】25〜35 cm
- 【草姿】こんもりしている

Z5　花　葉

Epimedium
エピメディウム(イカリソウ)

【科　　名】メギ科
【原 産 地】地中海沿岸〜アジア東部の温帯
【栽培適地】半日陰
【土　　質】やや湿潤
【花　　期】春
【使 い 方】グラウンドカバー、花壇前方、落葉樹の株元
【一 緒 に】ブルネラ、ディケントラ、トリリウム、アリサエマ
【スタイル】シェードガーデン、ウッドランドガーデン

花はどの色もわずかに透明感がある。葉も美しくシーズン終盤まで楽しめる。

E. × *youngianum*
ヨウンギアヌム(ヒメイカリソウ)
【草丈】20〜30 cm
【草姿】こんもりしている
[Z5] [花] [葉]

E. × *youngianum* 'Niveum'
ヨウンギアヌム 'ニヴェウム'

E. × *youngianum* 'Roseum'
ヨウンギアヌム 'ロゼウム'

E. × rubrum
ルブルム
【草丈】30 cm
【草姿】こんもりしている
[Z5] [花] [葉]

E. × perralchicum
ペラルキクム
【草丈】40 cm
【草姿】こんもりしている
[Z8] [花] [葉]

E. × *perralchicum* 'Fröhnleiten'
ペラルキクム 'フローンライテン'

常緑

北国におすすめの宿根草　半日陰・日陰の庭に向く品種

Eurybia
エウリビア

- 【科　　名】キク科
- 【原 産 地】北米など
- 【栽培適地】半日陰〜日陰
- 【土　　質】やや乾燥〜ふつう
- 【花　　期】夏
- 【使 い 方】花壇前方〜中央
- 【一 緒 に】トリキルティス、フロクス、クロコスミア
- 【スタイル】ウッドランドガーデン、シェードガーデン

半日陰や日陰で咲くアスターに似た花。花弁が細く繊細で、しっとりと落ち着いた雰囲気。

E. divaricata
ディワリカタ
ホワイトウッドアスター

- 【草丈】60 cm
- 【草姿】こんもりしている

Z4　花

以前の分類アスター・ディワリカツス（*Aster divaricatus*）の名で流通している

Galanthus
ガランツス（マツユキソウ）
スノードロップ、ガランサス

- 【科　　名】ヒガンバナ科
- 【原 産 地】ヨーロッパ〜アジア西部
- 【栽培適地】半日陰
- 【土　　質】ふつう〜やや湿潤
- 【花　　期】春
- 【使 い 方】群生、広い面積でランダムに
- 【一 緒 に】シクラメン、エランティス、アルム、ヘレボルス
- 【スタイル】ウッドランドガーデン、ボーダー、コテージガーデン、ホワイトガーデン

雪解けと同時に咲く姿はけなげでかわいらしい。庭の植物が茂る前に咲くので、どこに植えても花を観賞できる。たくさん植えて春の訪れの喜びを味わいたい

G. elwesii
エルウェシイ（オオマツユキソウ）

- 【草丈】10〜20 cm
- 【草姿】外向きに広がる

Z6　花

北国におすすめの宿根草　半日陰・日陰の庭に向く品種

Helleborus
ヘレボルス（クリスマスローズ）

- 【科　　名】キンポウゲ科
- 【原 産 地】ヨーロッパ中央・東・南部～アジア西部
- 【栽培適地】半日陰
- 【土　　質】やや乾燥～やや湿潤
- 【花　　期】春
- 【使 い 方】花壇前方、落葉樹の株元
- 【一 緒 に】エピメディウム、ナルキッスス、ムスカリ
- 【スタイル】シェードガーデン、ウッドランドガーデン

カップ形の花がかわいらしく、クリスマスローズの名で人気。春から初夏まで開花期間は長い。

H. niger
ニゲル（クリスマスローズ）

- 【草丈】30 cm
- 【草姿】こんもりしている

Z3 花

本来のクリスマスローズはこれ。他種より開花が早い

H. orientalis
オリエンタリス
レンテンローズ

- 【草丈】45 cm
- 【草姿】こんもりしている

Z6 花

H. × hybridus
ヒブリデュス
ガーデンハイブリッド

- 【草丈】45 cm
- 【草姿】こんもりしている

Z6 花

オリエンタリスを中心にさまざまな品種を交雑したもの

H. × hybridus 'White Lady'
ヒブリデュス'ホワイト・レディ'

H. × hybridus 'Ashwood Moonlight'
ヒブリデュス'アッシュウッド・ムーンライト'

北国におすすめの宿根草　半日陰・日陰の庭に向く品種

Heuchera
ヘウケラ（ツボサンゴ）

ヒューケラ、ホイヘラ

- 【科　　名】ユキノシタ科
- 【原 産 地】北米、メキシコ
- 【栽培適地】日なた（種類により）〜半日陰〜日陰
- 【土　　質】ふつう〜湿潤
- 【花　　期】夏
- 【使 い 方】花壇前方、園路の縁取り
- 【一 緒 に】ホスタ、ゲラニウム、フウチソウ、ペルシカリア
- 【スタイル】シェードガーデン、ボグガーデン

葉の美しさを楽しもう。真っすぐに伸びた花茎に、小さな花が線香花火のように咲く。

H. villosa
ウィロサ

- 【草丈】50〜70 cm
- 【草姿】こんもりしている

Z5　花　葉

H. villosa var. *macrorhiza*
ウィロサ・マクロリザ

H. villosa 'Palace Purple'
ウィロサ'パレス・パープル'

H. 'Peach Flambe'
'ピーチ・フランベ'

- 【草丈】20〜40 cm
- 【草姿】こんもりしている

Z4　花　葉

H. 'Obsidian'
'オブシディアン'

- 【草丈】30〜60 cm
- 【草姿】こんもりしている

Z4　花　葉

北国におすすめの宿根草　半日陰・日陰の庭に向く品種

Hosta
ホスタ（ギボウシ）

- 【科　　名】キジカクシ科
- 【原 産 地】中国、韓国、日本、ロシア東部
- 【栽培適地】日なた（種類により）〜半日陰〜日陰
- 【土　　質】ふつう〜湿潤
- 【花　　期】夏
- 【使 い 方】グラウンドカバー
- 【一 緒 に】ゲラニウム、ロドゲルシア、アムソニア、エピメディウム、プリムラ
- 【スタイル】シェードガーデン、ウッドランドガーデン

日陰の庭の主役で、葉の美しさが際立つ。模様や色、大きさも実にさまざま。
※草丈はいずれも葉の高さ

H. undulata
ウンデュラタ（スジギボウシ）

- 【草丈】30〜55cm
- 【草姿】こんもりしている

[Z3] [葉]

H. undulata var. *albomarginata*
ウンデュラタ・アルボマルギナタ

> 定番の人気種。門壁や園路沿いに並べて植えると美しい

H. undulata var. *univitata*
ウンデュラタ・ウニウィタタ

> 葉が大きく波打っている

H. plantaginea
プランタギネア（マルバタマノカンザシ）

- 【草丈】60cm
- 【草姿】こんもりしている

[Z3] [花] [葉]

> 花は純白で美しい。八重咲き種に'アフロディーテ'がある

H. 'Regal Splender'
'リーガル・スプレンダー'

- 【草丈】75cm
- 【草姿】こんもりしている

[Z4] [葉]

北国におすすめの宿根草　半日陰・日陰の庭に向く品種

H. 'Krossa Regal'
'クロッサ・リーガル'
【草丈】70 cm
【草姿】こんもりしている
Z2 葉

葉茎が直立し姿勢がよいので花壇の中央に。少しグレーがかった葉も魅力

H. 'Halcyon'
'ハルシオン'
【草丈】35〜40 cm
【草姿】こんもりしている
Z4 葉

ブルーグレーの葉はマットな質感

H. 'White Feather'
'ホワイト・フェザー'
【草丈】30 cm
【草姿】こんもりしている
Z2 葉

コンテナか軒下などで雨を避け、強い遮光下で育てるのがポイント。季節が進むと葉は徐々に緑色に

H. 'Sum and Substance'
'サム・アンド・サブスタンス'
【草丈】75 cm
【草姿】こんもりしている
Z2 葉

日なた向き。葉が大きくフォーカルポイントになる

H. 'Blue Cadet'
'ブルー・カデット'
【草丈】30 cm
【草姿】こんもりしている
Z3 葉

葉も草丈も小形

H. 'Striptease'
'ストリップティーズ'
【草丈】50 cm
【草姿】こんもりしている
Z3 葉

北国におすすめの宿根草　半日陰・日陰の庭に向く品種

H. 'Golden Tiara'
'ゴールデン・ティアラ'

【草丈】30 cm
【草姿】こんもりしている

Z3 葉

H. 'Devon Green'
'デヴォン・グリーン'

【草丈】40 cm
【草姿】こんもりしている

Z3 葉

H. 'Blue Angel'
'ブルー・エンジェル'

【草丈】100 cm
【草姿】こんもりしている

Z3 葉

H. 'Patriot'
'パトリオット'

【草丈】50 cm
【草姿】こんもりしている

Z3 葉

H. 'White Triumphator'
'ホワイト・トライアンファター'

【草丈】70 cm
【草姿】こんもりしている

Z3 花 葉

花茎が真っすぐ上に伸びる姿は見事

H. 'Night Before Christmas'
'ナイト・ビフォア・クリスマス'

【草丈】40 cm
【草姿】こんもりしている

Z3 葉

北国におすすめの宿根草 半日陰・日陰の庭に向く品種

Kirengeshoma
キレンゲショウマ

- 【科　　名】アジサイ科
- 【原 産 地】東アジア
- 【栽培適地】半日陰～日陰
- 【土　　質】ふつう～やや湿潤
- 【花　　期】秋
- 【使 い 方】花壇後方、園路沿い
- 【一 緒 に】アクタエア、ホスタ
- 【スタイル】シェードガーデン、ウッドランドガーデン

大きな葉の上を転がる水滴のような、黄色のつぼみがつく。下向きに咲く花はろう引きのようにつややか。花後のタネも魅力的。一属一種。

K. palmata
パルマタ（キレンゲショウマ）

- 【草丈】120 cm
- 【草姿】こんもりしている

Z5 花 種

シードヘッド

Lamprocapnos
ランプロカプノス（ケマンソウ）

- 【科　　名】ケシ科
- 【原 産 地】中国、朝鮮半島の温帯
- 【栽培適地】半日陰
- 【土　　質】やや湿潤
- 【花　　期】春
- 【使 い 方】広葉樹の株元
- 【一 緒 に】ポリゴナツム、ホスタ
- 【スタイル】シェードガーデン、コテージガーデン

ハート形の花がアーチのような茎に並んで咲く。鯛を釣り上げてしなった竿に見立て、タイツリソウとも呼ばれる。夏には地上部が枯れ込むので、株元から刈り取ろう。ディケントラ（コマクサ）属から独立。

L. spectabilis
スペクタビリス
タイツリソウ、ケマンソウ

- 【草丈】40～60 cm
- 【草姿】外向きに広がる

Z6 花

L. spectabilis
スペクタビリス

L. spectabilis 'Alba'
スペクタビリス 'アルバ'

Ligularia
リグラリア（メタカラコウ）

【科　　名】キク科
【原 産 地】主に東アジア
【栽培適地】日なた〜日陰
【土　　質】ふつう〜湿潤
【花　　期】夏
【使 い 方】花壇後方
【一 緒 に】アクタエア、アコニツム
【スタイル】ボーダー、シェードガーデン

こんもりと茂る大きな葉から長い茎を伸ばし、黄色のマーガレットのような花を咲かせる。本州では日陰の植物として扱われるが、冷涼な北海道では日なたでの植栽も可能。ただし葉焼けに注意。

L. przewalskii
プルゼワルスキイ
【草丈】150〜250 cm
【草姿】すらっとしている
Z6 花 茎

L. dentata
デンタタ（マルバダケブキ）
【草丈】40〜120 cm
【草姿】すらっとしている
Z4 花 葉 茎

L. dentata 'Desdemona'
デンタタ'デズデモーナ'

L. stenocephala
ステノケファラ（メタカラコウ）
【草丈】150〜180 cm
【草姿】すらっとしている
Z5 花 葉 茎

L. stenocephala 'The Rocket'
ステノケファラ'ザ・ロケット'

L. 'Gregynog Gold'
'グレギイノグ・ゴールド'
【草丈】200 cm
【草姿】すらっとしている
Z5 花 葉 茎

北国におすすめの宿根草　半日陰・日陰の庭に向く品種

Meconopsis
メコノプシス

【科　　名】	ケシ科
【原産地】	ヒマラヤ、チベット、中国西南部
【栽培適地】	半日陰
【土　　質】	やや湿潤〜湿潤
【花　　期】	春〜夏
【使い方】	広葉樹の株元、水辺
【一緒に】	プリムラ、ホスタ
【スタイル】	ボグガーデン、ウッドランドガーデン

M. grandis
グランディス

【草丈】120 cm
【草姿】すらっとしている

Z5　花

透明感のある花弁が美しい。開花前は短い毛で覆われたつぼみの中に、花弁が畳まれておさまっている。夏越しが非常に難しく、できるだけ涼しい日陰に植えて乾かさないようにする。一般的に「ヒマラヤの青いケシ」と呼ばれるのはベトニキフォリア（*M. betonicifolia*）。

Mertensia
メルテンシア（ハマベンケイソウ）

【科　　名】	ムラサキ科
【原産地】	アジア、北米、ヨーロッパなどの温帯
【栽培適地】	半日陰
【土　　質】	やや乾燥
【花　　期】	春
【使い方】	花壇手前、広葉樹の株元
【一緒に】	春咲き球根、プルモナリア
【スタイル】	ロックガーデン、ウッドランドガーデン

M. virginica
ウィルギニカ

【草丈】60 cm
【草姿】すらっとしている

Z3　花　葉　茎

下向きのラッパ状の花を咲かせる。涼しい場所であれば日なたへの植栽も可能。夏の高温多湿を苦手としているので、冷涼な北海道でこそ育てたい。

Omphalodes
オンファロデス（ルリソウ）

- 【科　　名】 ムラサキ科
- 【原 産 地】 ヨーロッパ、アジア、メキシコ
- 【栽培適地】 半日陰
- 【土　　質】 やや湿潤
- 【花　　期】 春～夏
- 【使 い 方】 花壇の手前、グラウンドカバー
- 【一 緒 に】 ディセントラ、シダ類
- 【スタイル】 ボーダー、ウッドランドガーデン

非常に繊細なので、移植や株分けの際は要注意。一年草種もあり、リニフォリア（*O. linifolia*）は寄せ植えなどで人気がある。

O. cappadocica
カッパドキカ

- 【草丈】 25 cm
- 【草姿】 こんもりしている

Z6　花

O. cappadocica 'Cherry Ingram'
カッパドキカ 'チェリー・イングラム'

O. cappadocica 'Starry Eyes'
カッパドキカ 'スターリー・アイズ'

ワスレナグサに似た5弁の星形の花が咲く

Paeonia
パエオニア（ボタン）

ピオニー

- 【科　　名】 ボタン科
- 【原 産 地】 ヨーロッパ西部～アジア中央部、中国、日本、北米西部
- 【栽培適地】 半日陰
- 【土　　質】 ふつう～やや湿潤
- 【花　　期】 夏
- 【使 い 方】 花壇中央、広葉樹の株元
- 【一 緒 に】 アストランティア、エウフォルビア、アルケミラ
- 【スタイル】 ボーダー、メドウ

カップ形の花は豪華で切り花にも向く。大きな花を支えきれないので、早めに支柱を設置しよう。うどんこ病にかかりやすいので密植は避ける。

P. 'Buckeye Bell'
'バックアイ・ベル'

- 【草丈】 90 cm
- 【草姿】 すらっとしている

Z4　花

光沢のある大きな赤い花が美しい

北国におすすめの宿根草　半日陰・日陰の庭に向く品種

Podophyllum
ポドフィルム（ミヤオソウ）

- 【科　　名】メギ科
- 【原 産 地】北米東部、ヒマラヤ、中国、台湾
- 【栽培適地】半日陰〜日陰
- 【土　　質】ふつう〜やや湿潤
- 【花　　期】夏
- 【使 い 方】広葉樹の株元
- 【一 緒 に】ディセントラ、アスティルベ
- 【スタイル】シェードガーデン、ウッドランドガーデン

ヤツデのような葉を広げ、その下に隠れるように花が咲き、緑色のヒメリンゴのような実がつく。果肉は美味ではないが食用になる。根と茎、葉は有毒なので要注意。

P. peltatum
ペルタツム
メイアップル

- 【草丈】30〜50 cm
- 【草姿】すらっとしている

Z4 花 葉 実

Polygonatum
ポリゴナツム（アマドコロ）

- 【科　　名】ユリ科
- 【原 産 地】北半球の温帯
- 【栽培適地】半日陰〜日陰
- 【土　　質】ふつう〜やや湿潤
- 【花　　期】春
- 【使 い 方】花壇の手前、広葉樹の株元
- 【一 緒 に】ディセントラ、ホスタ
- 【スタイル】ナチュラルガーデン、ウッドランドガーデン

ユリに似た葉の根元に、しっとりとした白いゼリービーンズのような花がつり下がる。地下に根を這わせて増えていくので、植栽域に制限がある場合は注意しよう。

P. odoratum var. pluriflorum
オドラツム・プルリフロルム

- 【草丈】40〜50 cm
- 【草姿】すらっとしている

Z4 花 葉

P. odoratum var. pluriflorum 'Variegatum'
オドラツム・プルリフロルム 'ヴァリエガツム'
斑入りアマドコロ

Pulmonaria
プルモナリア

- 【科　　名】ムラサキ科
- 【原 産 地】ヨーロッパとバルカン半島
- 【栽培適地】半日陰
- 【土　　質】やや湿潤
- 【花　　期】春
- 【使 い 方】花壇の手前、広葉樹の株元
- 【一 緒 に】ベルゲニア、ヘレボルス
- 【スタイル】シェードガーデン、ウッドランドガーデン

茎や葉は短い毛で覆われている。早春にベル形の花を咲かせる。ピンク色の花や、葉が灰色だったり、斑点のある品種も。

P. officinalis
オッフィキナリス

- 【草丈】30 cm
- 【草姿】こんもりしている

Z6 花 葉

P. officinalis 'Sissinghurst White'
オッフィキナリス'シッシングハースト・ホワイト'

P. saccharata
サッカラタ

- 【草丈】30 cm
- 【草姿】こんもりしている

Z3 花 葉

P. saccharata 'Mrs. Moon'
サッカラタ'ミセス・ムーン'

P. 'Blue Ensign'
'ブルー・エンサイン'

- 【草丈】35 cm
- 【草姿】こんもりしている

Z6 花 葉

P. 'Samourai'
'サムライ'

- 【草丈】35 cm
- 【草姿】こんもりしている

Z3 花 葉

北国におすすめの宿根草　半日陰・日陰の庭に向く品種

Rodgersia
ロドゲルシア（ヤグルマソウ）
ロジャーシア

- 【科　　名】ユキノシタ科
- 【原 産 地】東アジア
- 【栽培適地】半日陰
- 【土　　質】やや湿潤
- 【花　　期】夏
- 【使 い 方】花壇後方、広葉樹の株元
- 【一 緒 に】ホスタ、アスティルベ
- 【スタイル】シェードガーデン、ウッドランドガーデン

風車のような大きな葉を広げる。銅葉種もあり、花壇の背景に使える。タンポポの綿毛のような形の花が茎の先につく。

R. aesculifolia var. *henrici*
アエスクリフォリア・ヘンリキ

- 【草丈】200 cm
- 【草姿】こんもりしている

Z5 花 葉

R. podophylla
ポドフィラ（ヤグルマソウ）

- 【草丈】120 cm
- 【草姿】こんもりしている

Z5 花 葉

北国におすすめの宿根草　半日陰・日陰の庭に向く品種

Roscoea
ロスコエア

- 【科　　名】ショウガ科
- 【原 産 地】ヒマラヤ〜中国
- 【栽培適地】半日陰
- 【土　　質】ふつう
- 【花　　期】夏
- 【使 い 方】花壇の手前
- 【一 緒 に】ヘウケラ、シダ類
- 【スタイル】シェードガーデン、ウッドランドガーデン

草姿や根が食用のショウガによく似ている。紫〜クリーム色のランに似た花を咲かせる。

R. purpurea
プルプレア

【草丈】30 cm
【草姿】すらっとしている

Z6 花

R. × beesiana
ベエシアナ

【草丈】30～40 cm
【草姿】すらっとしている

Z6 花

Sanguinaria
サングイナリア

【科　　名】	ケシ科
【原 産 地】	北米東部
【栽培適地】	半日陰～日陰
【土　　質】	ふつう～湿潤
【花　　期】	春
【使 い 方】	広葉樹の株元
【一 緒 に】	プルモナリア、ヘレボルス
【スタイル】	ウッドランドガーデン、シェードガーデン

一属一種。咲き始めは粉を帯びたような葉に包まれている。春の日差しは大丈夫だが夏の暑さに弱いので、地温が高くならない日陰に植栽した方がよい。

S. canadensis
カナデンシス

【草丈】10 cm
【草姿】すらっとしている

Z4 花

S. canadensis
カナデンシス

S. canadensis 'Flore Pleno'
カナデンシス 'フロレ・プレノ'

華やかな八重咲き品種

北国におすすめの宿根草　半日陰・日陰の庭に向く品種

Tricyrtis
トリキルティス（ホトトギス）

- 【科　　名】ユリ科
- 【原 産 地】東アジア
- 【栽培適地】半日陰～日陰
- 【土　　質】やや湿潤
- 【花　　期】秋
- 【使 い 方】花壇の手前、園路の縁取り
- 【一 緒 に】アスティルベ、ホスタ
- 【スタイル】シェードガーデン、ウッドランドガーデン

　秋の茶花としても利用される。花が上向きに咲くホトトギス形と下向きのジョウロホトトギス形に分かれる。ホトトギス形の雌しべは立ち上がり、小さなトケイソウのよう。

T. hirta
ヒルタ（ホトトギス）

- 【草丈】40～100 cm
- 【草姿】低く広がる

Z5　花

T. hirta 'Miyazaki'
ヒルタ 'ミヤザキ'

ヒルタは昔から日本の庭で使われていた基本種

Uvularia
ウウラリア
ウブラリア

- 【科　　名】イヌサフラン科
- 【原 産 地】北米東部
- 【栽培適地】半日陰～日陰
- 【土　　質】やや湿潤
- 【花　　期】春
- 【使 い 方】花壇の手前
- 【一 緒 に】コリダリス、プルモナリア
- 【スタイル】ウッドランドガーデン、シェードガーデン

　下向きのベル形の花を咲かせる。株が充実すると花つきがよくなり、春の花が少ない時期に重宝。乾燥が苦手なので、水分が蒸発しにくい日陰で育てよう。

U. grandiflora
グランディフロラ

- 【草丈】30～50 cm
- 【草姿】すらっとしている

Z3　花

見た目は繊細だが、湿潤で肥よくな土地に植えつければ手入れ不要でよく増える

Viola

ウィオラ(スミレ)
ビオラ

- 【科　　名】スミレ科
- 【原産地】熱帯〜亜寒帯に広く分布
- 【栽培適地】半日陰〜日陰
- 【土　　質】ふつう〜やや湿潤
- 【花　　期】春
- 【使い方】グラウンドカバー、コンテナ
- 【一緒に】シダ類、春咲き球根
- 【スタイル】シェードガーデン

かれんな花は春の代表格だが、実はリーフプランツとしても優秀。花が一段落した後に葉が大きく茂るので、グラウンドカバーとしても使える。花は切り花や押し花の素材としても魅力的。

V. sororia
ソロリア(アメリカスミレサイシン)

- 【草丈】15 cm
- 【草姿】低く広がる

Z3 花 葉

繁殖力が旺盛でこぼれダネで増える。レンガや枕木で区切られた花壇内のグラウンドカバーに

V. labradorica
ラブラドリカ

- 【草丈】15 cm
- 【草姿】低く広がる

Z3 花 葉

少し暗めの青色の花と、特徴的な暗緑色の葉が魅力的。ハンギングバスケットの材料にも使える

V. cornuta
コルヌタ

- 【草丈】15 cm
- 【草姿】低く広がる

Z3 花

V. koreana
コレアナ

- 【草丈】15 cm
- 【草姿】低く広がる

Z3 花 葉

V. cornuta 'Alba'
コルヌタ 'アルバ'

北国におすすめの宿根草　半日陰・日陰の庭に向く品種

オーナメンタルグラス

Calamagrostis
カラマグロスティス(ノガリヤス)

【科　　名】イネ科
【原 産 地】北半球
【栽培適地】日なた～半日陰
【土　　質】ふつう～やや湿潤
【花　　期】夏
【使 い 方】花壇中段、フォーカルポイント
【一 緒 に】サルヴィア、ウェロニカストルム、ペルシカリア
【スタイル】ナチュラルガーデン、ボーダー、メドウ

穂が初夏から上がり、秋まで楽しめる。和名は、野に生える刈り取りやすいススキ属のカリヤスに似ていることにちなむ。

C. × acutiflora
アクティフロラ

【草丈】180 cm
【草姿】すらっとしている

Z7 花 葉

草姿が乱れにくく、真っすぐに立つ姿が美しい

C. × acutiflora 'Karl Foerster'
アクティフロラ 'カール・フォースター'

穂のアップ

C. brachytricha
ブラキトリカ

【草丈】100 cm
【草姿】すらっとしている

Z7 花 葉

ふわふわした穂が魅力

Carex
カレクス（スゲ）
カレックス

【科　　名】	カヤツリグサ科
【原産地】	温帯〜亜寒帯
【栽培適地】	日なた〜半日陰
【土　　質】	ふつう〜湿潤
【花　　期】	夏
【使い方】	花壇前方
【一緒に】	ヘレニウム、クロコスミア、グラス類
【スタイル】	グラスガーデン、ボグガーデン、ナチュラルガーデン

　メタリックな質感が特徴のグラス。常緑性のものは刈り取らず枯れた葉を抜き取るようにする。葉は緑や茶色。

C. petriei
ペトリエイ
【草丈】25 cm
【草姿】外向きに広がる　 Z6 葉

一年中、写真のような葉色をしている

Chasmanthium
カスマンティウム
ワイルドオーツ、アメリカコバンソウ

【科　　名】	イネ科
【原産地】	米国東〜中央部、メキシコ、中米
【栽培適地】	日なた〜半日陰
【土　　質】	ふつう〜やや湿潤
【花　　期】	夏
【使い方】	花壇前方〜中央、ランダムに植えてアクセントに
【一緒に】	エキナケア、リアトリス、グラス類
【スタイル】	ナチュラルガーデン、ボーダー、ホワイトガーデン

　小さく平らな穂が風にカサカサと揺れる。秋には穂が茶色に。切り花やドライフラワーとしても利用される。

C. latifolium
ラティフォリウム
【草丈】100 cm
【草姿】こんもりしている　 Z4 花 葉 紅 種

北国におすすめの宿根草／オーナメンタルグラス

Deschampsia
デスカンプシア（コメススキ）

- 【科　　名】イネ科
- 【原 産 地】温帯、熱帯、亜寒帯
- 【栽培適地】日なた〜半日陰
- 【土　　質】乾燥〜やや湿潤
- 【花　　期】夏
- 【使 い 方】花壇前方〜中央、点在させてアクセントに
- 【一 緒 に】ツリパ、コニファー、エキナケア、クロコスミア
- 【スタイル】ボーダー、グラスガーデン、コニファーガーデン、コテージガーデン

D. cespitosa
ケスピトサ
【草丈】180 cm
【草姿】外向きに広がる

Z5　花　葉　種

　葉が早くから動き、穂が上がるのも早い。穂はふわふわと透け感があり、花壇の前方に植えてもおもしろい。草姿が乱れにくく、モダンなデザインにも合う。こぼれダネで増えるので、小さなうちに取り除きたい。

D. cespitosa
ケスピトサ

D. cespitosa 'Goldtau'
ケスピトサ 'ゴールドタウ'

Festuca
フェスツカ（ウシノケグサ）
フェスキュー

- 【科　　名】イネ科
- 【原 産 地】温帯
- 【栽培適地】日なた
- 【土　　質】乾燥〜やや乾燥
- 【花　　期】夏
- 【使 い 方】花壇前方、グラウンドカバー
- 【一 緒 に】ティムス、イベリス、コニファー
- 【スタイル】ドライガーデン、ホワイトガーデン、コニファーガーデン

F. glauca
グラウカ
ブルーフェスキュー
【草丈】30 cm
【草姿】外向きに広がる

Z5　花　葉

　細く、美しい色の葉を持つ常緑のグラス。非常に多くの種があり、ゴルフ場のラフなどにも利用される。観賞用にはコンパクトな種が使われる。

Hakonechloa
ハコネクロア（ウラハグサ）

- 【科　　名】イネ科
- 【原 産 地】日本
- 【栽培適地】日なた〜半日陰
- 【土　　質】ふつう〜やや湿潤
- 【花　　期】秋
- 【使 い 方】花壇前方、園路の縁取り
- 【一 緒 に】ホスタ、ベルゲニア、フェスツカ、ゲラニウム
- 【スタイル】シェードガーデン、ウッドランドガーデン、ボグガーデン

　風にさらさらと揺れる姿はとても趣がある。和風庭園にはもちろん、ヨーロッパスタイルの庭にもよく合う。

H. macra
マクラ（ウラハグサ）
フウチソウ
- 【草丈】40〜70 cm
- 【草姿】こんもりしている

Z5 葉 紅

H. macra var. aureola
マクラ・アウレオラ（キンウラハグサ）
オウゴンフウチソウ

Hordeum
ホルデウム（オオムギ）

- 【科　　名】イネ科
- 【原 産 地】温帯
- 【栽培適地】日なた
- 【土　　質】乾燥〜ふつう
- 【花　　期】夏
- 【使 い 方】花壇前方、群生
- 【一 緒 に】ネペタ、ゲラニウム、ティムス
- 【スタイル】ドライガーデン、メドウ

　ビール醸造に使う麦芽の原料となる大麦はウルガレ（*H. vulgare*）で、園芸で楽しめるものとは別種。

H. jubatum
ユバツム（ホソノゲムギ）
リスのしっぽ
- 【草丈】50 cm
- 【草姿】外向きに広がる

Z5 花 葉

北国におすすめの宿根草　オーナメンタルグラス

Hystrix
ヒストリクス（アズマガヤ）

- 【科　　名】イネ科
- 【原 産 地】北米、インド南部、中国、ニュージーランド
- 【栽培適地】半日陰
- 【土　　質】乾燥〜湿潤
- 【花　　期】夏
- 【使 い 方】花壇前方〜中央
- 【一 緒 に】アスチルベ、フィリペンデュラ、アストランティア
- 【スタイル】ナチュラルガーデン、コテージガーデン、ウッドランドガーデン

穂の密度が小さいので、軽く透明感がある。日陰でも育てることができる貴重な種。

H. patula
パツラ

- 【草丈】150 cm
- 【草姿】外向きに広がる

Z4 花 葉

Melica
メリカ（コメガヤ）

- 【科　　名】イネ科
- 【原 産 地】オーストラリアを除く温帯
- 【栽培適地】日なた
- 【土　　質】乾燥〜ふつう
- 【花　　期】夏
- 【使 い 方】花壇手前
- 【一 緒 に】ゲラニウム、ネペタ
- 【スタイル】グラスガーデン、ドライガーデン

グラス類のなかでは穂が上がる時期が早く、優しげなアーチ状の穂が初夏に伸びる。

M. ciliata
キリアタ

- 【草丈】75 cm
- 【草姿】外向きに広がる

Z6 花 葉

Miscanthus
ミスカンツス（ススキ）

【科　　名】イネ科
【原 産 地】東アジア、日本
【栽培適地】日なた
【土　　質】ふつう〜湿潤
【花　　期】秋
【使 い 方】花壇後方
【一 緒 に】アキレア、ヘリオプシス
【スタイル】グラスガーデン、ドライガーデン

秋の七草の一つ。さまざまな園芸品種がつくられてかなり使いやすくなったが、一度根付くと撤去はかなりの力技になる。植栽場所の選定は慎重に。

M. sinensis
シネンシス（ススキ）

【草丈】85〜400 cm
【草姿】外向きに広がる

Z4 花 葉

M. sinensis 'Morning Light'
シネンシス 'モーニング・ライト'

M. sinensis 'Graziella'
シネンシス 'グラツィエッラ'

M. sinensis 'Zebrinus'
シネンシス 'ゼブリヌス'（タカノハススキ）

M. sinensis 'Gracillimus'
シネンシス 'グラキリムス'（イトススキ）

北国におすすめの宿根草　オーナメンタルグラス

Molinia

モリニア（ヌマガヤ）

- 【科　　名】イネ科
- 【原 産 地】ユーラシア大陸の温帯
- 【栽培適地】日なた
- 【土　　質】やや湿潤〜湿潤
- 【花　　期】秋
- 【使 い 方】群生
- 【一 緒 に】ガウラ、ヘリアンツス
- 【スタイル】グラスガーデン、メドウ

　こんもりとした株元から、非常に細く長い茎を伸ばし繊細な穂をつける。晩秋に株全体が黄金色に色付く。

M. caerulea
カエルレア
- 【草丈】45〜250 cm
- 【草姿】外向きに広がる

Z5 花 茎

M. caerulea
カエルレア

M. caerulea 'Moorhexe'
カエルレア 'ムーアヘクセ'

Panicum

パニクム（キビ）

- 【科　　名】イネ科
- 【原 産 地】熱帯、ヨーロッパ、北米
- 【栽培適地】日なた
- 【土　　質】やや乾燥〜ふつう
- 【花　　期】秋
- 【使 い 方】花壇手前〜中央
- 【一 緒 に】クロコスミア
- 【スタイル】ボーダー、メドウ

　小さな米のような花穂を無数につける姿は火花のよう。雨が降ると倒れやすいが、穂につく水滴がキラキラと輝いて美しい。

P. virgatum
ウィルガツム
- 【草丈】80〜180 cm
- 【草姿】外向きに広がる

Z5 花 種

P. virgatum 'Rotstrahlbush'
ウィルガツム 'ローツトラールブッシュ'

P. virgatum 'Rehbraun'
ウィルガツム 'レーブラウン'

Pennisetum
ペンニセツム（チカラシバ）

- 【科　　名】イネ科
- 【原 産 地】熱帯
- 【栽培適地】日なた
- 【土　　質】ふつう
- 【花　　期】秋
- 【使 い 方】花壇の手前～中央
- 【一 緒 に】グラス類、シンフィオトリクム（アスター）
- 【スタイル】コテージガーデン、グラスガーデン

　ネコジャラシのようなふんわりした穂をつける。光に透けるとキラキラと輝いて美しい。

P. alopecuroides
アロペクロイデス（チカラシバ）

【草丈】60～150 cm
【草姿】外向きに広がる

Z3 花 葉 種

P. alopecuroides
アロペクロイデス

P. alopecuroides f. *viridescens*
アロペクロイデス・ウィリデスケンス

Sporobolus
スポロボルス（ネズミノオ）

- 【科　　名】イネ科
- 【原 産 地】暖帯～熱帯
- 【栽培適地】日なた
- 【土　　質】乾燥～ふつう
- 【花　　期】秋
- 【使 い 方】花壇手前
- 【一 緒 に】シンフィオトリクム（アスター）、ケロネ
- 【スタイル】グラスガーデン、ボーダー

　葉はやわらかく、穂はネズミの尻尾のように細長くがっちりしている。

S. heterolepis
ヘテロレピス
プレーリードロップシード

【草丈】60～90 cm
【草姿】外向きに広がる

Z3 葉 種 香

> コリアンダーに似た香りのタネは、鳥の好物

北国におすすめの宿根草 / オーナメンタルグラス

Stipa
スティパ（ハネガヤ）

- 【科　　名】イネ科
- 【原産地】寒帯を除く世界各地
- 【栽培適地】日なた
- 【土　　質】乾燥〜ふつう
- 【花　　期】秋
- 【使い方】群生、シンボル
- 【一 緒 に】ペルシカリア、ヘレニウム
- 【スタイル】グラスガーデン、ドライガーデン

イギリスで大変人気の高いオーナメンタルグラス。葉が非常に繊細で優しい印象。寒さにやや弱いので植栽には注意が必要。

S. gigantea
ギガンテア

- 【草丈】150〜250 cm
- 【草姿】外向きに広がる

[Z8] [花] [葉]

非常に大形で繊細な花穂が美しく、切り花にも用いられる。春に枯れ葉だけをすき取る

S. tenuissima
テヌイッシマ

エンゼルヘアー、メキシカンフェザーグラス

- 【草丈】60 cm
- 【草姿】外向きに広がる

[Z4] [花] [葉]

非常に柔らかい葉が風に揺れる。群生させると風向き方向に倒れて風紋のよう

4章
宿根草の庭に合う一年草

私たちが一年草と呼んでいる種類の多くは熱帯や亜熱帯の原産で、ほとんどが耐寒性の弱い多年草。宿根草よりも花期が長く、華やかな花色が特徴です。

一年草だけで構成した花壇は画一的な印象になりがちですが、宿根草との組み合わせでナチュラルな雰囲気をつくることができるでしょう。本章では宿根草の花壇に加えることで、お互いの魅力を発揮できる種類を取り上げました。

Abutilon
アブティロン（イチビ）
アブチロン

【科　　名】アオイ科
【原産地】アフリカ、アジア、オーストラリア、北米、南米
【栽　　培】日なた
【草　　丈】200～500 cm
【花　　期】夏～秋

[花]

　一般には鉢花として利用されるが、直射日光下の花壇でもよく育つ。花壇の中央～後方に。枝の成長に応じて支柱を立てること。初夏から秋まで咲き続けるので、化成肥料を月に1回程度与えるとよい。
　秋に鉢上げして5度以上の場所で管理し、翌春に半分ほどに切り戻してから再び花壇に植え込もう。コンテナのままで楽しむのもよい。

A. megapotamicum 'Kreutzbegra'
メガポタミクム（ウキツリボク）'クロイツベグラ'

A. megapotamicum 'Variegatum'
メガポタミクム 'ウァリエガツム'

Antirrhinum
アンティリヌム（キンギョソウ）
スナップドラゴン

【科　　名】オオバコ科
【原産地】地中海沿岸
【栽　　培】日なた
【草　　丈】20～100 cm
【花　　期】春～秋

[花]

　明るく鮮明な花色は多彩だが、単色で使う方が効果的なので、花色は慎重に選びたい。高温多湿を嫌うが、北国では春から秋遅くまで非常に長期間、開花が続く。花数が多く、大きめのタネができるので、花がら摘みは欠かせない。日当りのよい場所に植え、秋には大株で楽しみたい。

A. nanum 'Frosty Lavender Bells'
ナヌム 'フロスティ・ラベンダー・ベルズ'

A. nanum 'Black Prince'
ナヌム 'ブラック・プリンス'

宿根草の庭に合う一年草

Argyranthemum
アルギランテムム（モクシュンギク）
マーガレット

- 【科　　名】キク科
- 【原 産 地】カナリア諸島、マディラ諸島
- 【栽　　培】日なた
- 【草　　丈】30〜100 cm
- 【花　　期】夏〜秋

|花|

　品種が豊富なマーガレットは晩秋に花壇から掘り上げて5度以上ある場所で管理すると、数年にわたって育てることが可能。
　日当たりと、乾燥した肥料分の少ない土を好む。花がらを摘むことで次々と開花する。挿し木で容易に増やすことができる。

A. 'Petite Pink'
'プティ・ピンク'

A. frutescens 'Molimba Helio Watermelon'
マーガレット 'モリンバ・ヘリオ・ウォーターメロン'

Canna
カンナ（ダンドク）
ハナカンナ

- 【科　　名】カンナ科
- 【原 産 地】アメリカ大陸の熱帯
- 【栽　　培】日なた
- 【草　　丈】100〜200 cm
- 【花　　期】夏〜秋

|花|葉|

　エキゾチックな印象の球根植物。霜が降りる前に掘り上げ、乾き切らないよう鉢に仮植えするなどして、凍らない涼しい場所で貯蔵する。
　高温を好むので、気温が上がった5月下旬ごろに植えつける。この方法は手間はかかるが、何年もかけて球根を大きくしていくことで他にはない見応えが得られる。

秋の宿根草花壇で他の一年草と合わせて

グラスとの相性もよい

宿根草の庭に合う一年草

Cleome
クレオメ（セイヨウフウチョウソウ）

- 【科　　名】フウチョウソウ科
- 【原 産 地】熱帯、亜熱帯
- 【栽　　培】日なた
- 【草　　丈】150 cm
- 【花　　期】夏～秋

[花]

C. hassleriana
ハッスレリアナ

　乾燥を好み、短期間で大株に育つ。高温に強く、夏中咲き続ける。花壇の中央～後方で群植させるとよい。風に揺れる姿を楽しみたいが、倒れる場合は支柱を添えよう。
　花序全体が咲き終わってから花茎を切り取る。タネははじける前に採種して春にまくが、移植を嫌うので多めにまいてから間引いて育てよう。

Coleus
コレウス（キンランジソ）
コリウス

- 【科　　名】シソ科
- 【原 産 地】アフリカ、アジア、オセアニアの熱帯
- 【栽　　培】日なた～半日陰
- 【草　　丈】20～80 cm
- 【花　　期】春～秋

[葉]

　赤と黄、緑が主体のさまざまな模様の葉色がエキゾチックな、カラーリーフの代表。場面に合った葉色の品種を選びたい。近年、大型の品種が人気だが、やや葉が傷みやすいので、少し日陰になる場所で育てるとよい。
　根がよく張るように腐植土に植え、摘心を繰り返し、肥料を控えて間延びしないように育てる。

宿根草の庭に合う一年草

Erysimum
エリシムム(エゾスズシロ)

ウォールフラワー、ニオイアラセイトウ、ケイランサス

- 【科　　名】アブラナ科
- 【原 産 地】ヨーロッパ～北アフリカ、アジア西・中央部、北米
- 【栽　　培】日なた
- 【草　　丈】15～40 cm
- 【花　　期】春～夏

花 香

　よく使われるウォールフラワーはケイリという種で、本来は常緑多年草だが短命。高温多湿が苦手なので、ロックガーデンや石垣の割れ目などに植えると水はけもよく、場面にも合う。
　花色は黄、オレンジなどで、香りがよい。花壇前方～中央で、ツリパ（チューリップ）やホスタなどの近くに植えるのがおすすめ。

E. cheiri cv.
ウォールフラワー

Eschscholzia
エッショルチア(ハナビシソウ)

- 【科　　名】ケシ科
- 【原 産 地】北米西部
- 【栽　　培】日なた
- 【草　　丈】20～60 cm
- 【花　　期】夏～秋

花

　特にカリフォルニアポピーが一年草として花壇に用いられる。レースのような葉も美しい。
　こぼれダネで毎年楽しめるが、意図したところで咲かせるには、タネを採取して早春に直まきする方が確実。

E. californica
カリフォルニアポピー

一年草のタネを早春に直まきしてつくった花壇

宿根草の庭に合う一年草

Euphorbia
エウフォルビア(トウダイグサ)
ユーフォルビア

【科　名】	トウダイグサ科
【原産地】	温帯、亜熱帯、熱帯
【栽　培】	日なた
【草　丈】	30〜45 cm
【花　期】	夏〜秋

[花]

E. 'Diamond Frost'
'ダイアモンド・フロスト'

　宿根草、多肉植物など多くの種類があるが、一年草では'ダイアモンド・フロスト'が有名。白い小花が次々と開花する。
　花壇の手前や寄せ植え鉢に植栽すると華やか。花がら摘みは不要。乾いた土壌を好む。

⇒宿根性のエウフォルビアは P78〜79

Lobularia
ロブラリア(ニワナズナ)
スイートアリッサム

【科　名】	アブラナ科
【原産地】	ヨーロッパ中央・南部、アフリカ北部、アジア南西・中央部
【栽　培】	日なた
【草　丈】	10〜15 cm
【花　期】	春〜夏

[花]

L. maritima
マリティマ

　宿根性のアリッサムとは分類上も別属。花壇でよく使われるのはマリティマという種で、花色は白のほか、紫やピンクなどがある。
　盛夏には弱るが、一度切り戻せば秋には再び元気に開花する。伸びすぎた場合も同様に。こぼれダネで容易に増える。園路の縁取りやグラウンドカバーに。

Myosotis
ミオソティス（ワスレナグサ）

フォーゲットミーノット

- 【科　　名】ムラサキ科
- 【原 産 地】ヨーロッパ、アジア、オーストラリア、北米、南米
- 【栽　　培】日なた
- 【草　　丈】15〜50 cm
- 【花　　期】春

[花]

　自生地では短命の宿根草。花壇でよく使われるのは主にシルワティカ（*M. sylvatica*）という品種で、エゾムラサキの名で知られる。青花のほか白やピンクなどの園芸品種もある。
　やや日陰の方が弱らず、開花期間も長い。一度植えると、こぼれダネでたくさん増えるので、春に必要な場所、株数だけ残すようにする。
　春に咲く小さな花はツリパ（チューリップ）と好相性で、花色の組み合わせを楽しみたい。グラウンドカバーにも向く。

ホスタやツリパ、ウォールフラワーなどと

Nemesia
ネメシア

- 【科　　名】ゴマノハグサ科
- 【原 産 地】アフリカ南部、熱帯アフリカ
- 【栽　　培】日なた
- 【草　　丈】15〜30 cm
- 【花　　期】夏〜秋

[花]

N. denticulata 'Confetti'
デンティクラタ 'コンフェッティー'

　6月ごろから霜が降りるまで、小さな花をたくさん咲かせる。斑入り葉の品種もある。
　水はけが悪かったり蒸れるような場所ではうまく育たない。翌年のために、晩秋に掘り上げて室内保存するか、挿し木で増やすとよい。草丈が低いので花壇の縁取りに。

N. 'Chocolate Mousse'
'チョコレート・ムース'

宿根草の庭に合う一年草

Nicotiana
ニコティアナ（タバコ）
ニコチアナ

【科　　名】ナス科
【原 産 地】米国、ポリネシア、オーストラリア
　　　　　などの熱帯〜暖帯
【栽　　培】日なた
【草　　丈】40〜150 cm
【花　　期】夏〜秋

花

N. mutabilis
ムタビリス

　高性になるものが多く、初夏から秋まで次々と開花する。水はけのよい場所を好むので、花壇での管理が難しいようなら鉢植えで楽しむとよい。高温多湿に弱いので、北国での栽培に適している。

N. sylvestris 'Only the Lonely'
シルウェストリス 'オンリー・ザ・ロンリー'

Orlaya
オルラヤ
オルレア、ホワイトレースフラワー

【科　　名】セリ科
【原 産 地】ヨーロッパ南東部、アジア中央部
【栽　　培】日なた
【草　　丈】50〜100 cm
【花　　期】夏〜秋

花

O. grandiflora
グランディフロラ

　花は純白。花壇の中央に群生させたり、点在させることで庭全体にやわらかな印象を生み出す。
　こぼれダネで自然に増やし、増えすぎた部分を間引いていくと自然な雰囲気をつくることができる。高温多湿に弱いので、夏季に冷涼なところほど生育がよい。

宿根草の庭に合う一年草

Pelargonium
ペラルゴニウム（テンジクアオイ）

センテッドゼラニウム、ニオイゼラニウム

- 【科　　名】フウロソウ科
- 【原 産 地】南アフリカ
- 【栽　　培】日なた
- 【草　　丈】20〜80cm
- 【花　　期】春〜秋

[花][葉][香]

　花を楽しむゼラニウムの仲間だが、レモンやバラ、リンゴ、ナツメグなどに似た葉の香りを楽しめるグループ。生育は旺盛で、花壇に地植えすると短期間で大株になり、使いやすい。花も葉も他の植物を引き立てる。害虫に対する忌避効果もある。
　日当りと水はけのよい場所に植える。秋に掘り上げて室内で管理しよう。挿し木でも容易に増やせる。

P. ternatum
テルナツム

P. 'Fragrans Variegatum'
'フラグランス・ヴァリエガタム'

Pennisetum
ペンニセツム（チカラシバ）

- 【科　　名】イネ科
- 【原 産 地】熱帯
- 【栽　　培】日なた
- 【草　　丈】150〜250cm
- 【花　　期】夏〜秋

[花][葉]

　日当たり、水はけのよいところに植える。グラウクムは穂を真っすぐに立て、花壇の後方で宿根草の背景となる。
　花壇に点在させてアクセントにもできる。美しい銅葉と宿根草のコントラストを楽しみたい。

⇒宿根性のペンニセツムはP163

P. glaucum 'Purple Baron'
グラウクム 'パープル・バロン'

P. setaceum 'Rubrum'
パープルファウンテングラス

宿根草の庭に合う一年草

173

Petunia
ペツニア
ペチュニア

【科　　名】ナス科
【原 産 地】南米
【栽　　培】日なた
【草　　丈】20～40 cm
【花　　期】夏

[花]

　園芸品種が豊富。水はけのよい土を好み、コンテナやハンギング向き。根が繊細なので、過湿、根詰まりに注意する。茎が伸び過ぎたら適宜、切り戻しを行う。
　大輪から小輪まで品種のバリエーションが豊富だが、小輪系の方が耐雨性が強く、たくさんの花を楽しめる。また、花がら摘みを行うことで開花期間を長くできる。花壇の前方や園路沿いなどに植えよう。

'恋もよう'

Phygelius
フィゲリウス
ケープフクシア

【科　　名】ゴマノハグサ科
【原 産 地】南アフリカ
【栽　　培】日なた
【草　　丈】30～60 cm
【花　　期】春～秋

[花]

P. × rectus 'Yapwin'
レクツス'ヤブウィン'

　草姿と花がフクシアに似るが、より重厚感があり渋さも感じさせる。気温が高くなるほど生育が進み、開花も途切れない。日当りを好むが、真夏は少し日陰になった方が葉が傷まない。
　まれに道央圏で越冬できるほど耐寒性が強いが、秋には掘り上げて室内で管理する。大株にして数年間は利用したい。挿し木でも容易に増やせる。

宿根草の庭に合う一年草

Ricinus
リキヌス(トウゴマ)
ヒマ

- 【科　　名】トウダイグサ科
- 【原 産 地】アフリカ北東部〜アジア西部
- 【栽　　培】日なた
- 【草　　丈】180 cm
- 【花　　期】夏〜秋

|花| |葉| |種|

　本来、自生地では常緑低木だが、北海道では一年草として育てる。大きな手のひら形の銅葉と赤いシードヘッドが魅力で、花壇の後方で存在感を放つ。種子からヒマシ油が生成されるが、生食は有毒なので避けること。
　高温下でよく成長するので、ポットで管理し、気温が十分に上がってから庭に植えるとよい。かなり大きくなるため、スペースに余裕がある、日当りのよい場所を選ぼう。

R. communis
コムニス

カンナやマリーゴールド、アキレアなどの背景に

Salvia
サルウィア
サルビア

- 【科　　名】シソ科
- 【原 産 地】温帯〜熱帯
- 【栽　　培】日なた
- 【草　　丈】15〜100 cm
- 【花　　期】夏〜秋

|花|

S. splendens
スプレンデンス

　昔から花壇に使われるスプレンデンスの他に、宿根草と合わせやすいブルーサルビアが人気。
　非常に強健で、乾燥を好む。花が咲き終わった茎を小まめに切ることで、次々と開花させることができる。

⇒宿根性のサルウィアは P115

S. farinacea
ブルーサルビア

宿根草の庭に合う一年草

Scabiosa
スカビオサ（マツムシソウ）

【科　　名】マツムシソウ科
【原 産 地】ヨーロッパ、アジア、アフリカ
【栽　　培】日なた
【草　　丈】90cm
【花　　期】夏

花

　一年草として利用されるセイヨウマツムシソウは、高性で野趣があり、花色も豊富なので人気がある。
　やや乾燥気味の土を好む。タネができやすいので、次々に花を上げるにはこまめに花がらを取り去ること。花壇の中央あたりに植栽し、風に揺れる姿を楽しみたい。

S. atropurpurea 'Black Knight'
セイヨウマツムシソウ 'ブラック・ナイト'

⇒宿根性のスカビオサはP117

Senecio
セネキオ（キオン）
セネシオ

【科　　名】キク科
【原 産 地】地中海沿岸
【栽　　培】日なた
【草　　丈】60cm
【花　　期】春〜秋

葉

S. cineraria
シロタエギク

　多くの種があるが、葉や茎が銀白色のダスティーミラーとも呼ばれるシロタエギクが、花壇や寄せ植えなどに利用される。
　銀葉が強い印象を与えるので、植え場所や組み合わせをよく考えたい。日当りと水はけのよい場所に植え、夏に上がってくる花は株が消耗するので切り取る。挿し木で簡単に殖やすことができる。

宿根草の庭に合う一年草

Tagetes
タゲテス（マンジュギク）
マリーゴールド

- 【科　　名】キク科
- 【原 産 地】米国南部〜南米の一部、アフリカ
- 【栽　　培】日なた
- 【草　　丈】20〜80 cm
- 【花　　期】夏

[花]

　花色は黄色とオレンジが主体で、花形や草丈はさまざま。花壇に夏らしい明るさをもたらしてくれる。グラス類やキク科の宿根草（ヘレニウムやエキナケア）などと相性がよい。根に線虫の防除効果があるので、キッチンガーデンではコンパニオンプランツとしても利用される。
　花がらは容易に指で折り取ることができるので、こまめに取り除こう。風通し、日当りのよい場所に植える。

Verbena
ウェルベナ（クマツヅラ）
バーベナ

- 【科　　名】クマツヅラ科
- 【原 産 地】南米・北米の熱帯〜亜熱帯、ヨーロッパ、アジア
- 【栽　　培】日なた
- 【草　　丈】10〜120 cm
- 【花　　期】夏〜秋

[花]

V. bonariensis
サンジャクバーベナ

　本来は宿根草だが、サンジャクバーベナなど耐寒性の弱いものを一年草扱いで使用する。
　背の低いタイプはできるだけ花がら摘みを。背の高いタイプは特に手入れの必要はない。乾燥を好む。

秋の宿根草とよく合う

宿根草の庭に合う一年草

Viola
ウィオラ(スミレ)

ビオラ、パンジー

【科　　名】スミレ科
【原 産 地】熱帯から亜寒帯まで広く分布
【栽　　培】日なた
【草　　丈】5〜30 cm
【花　　期】春〜初夏

花

V. 'Pensée de Nouveau'
'パンセ・ド・ヌーボー'

　日本では一般的に花径の大きなものをパンジー、小さなものをビオラと呼んでいる。
　北国では開花期が長い。苗が小さいうちにできれば2回ほど摘心を行い、枝数を増やしておこう。花がらは小まめに摘むこと。徒長しやすいので、適宜切り戻しをする。
　地植えの場合、水やりはほぼ必要ないが、コンテナ植栽の場合は花に水を当てないように注意しよう。

⇒宿根性のウィオラは P155

チューリップとの寄せ植え

Zinnia
ジンニア(ヒャクニチソウ)

ジニア

【科　　名】キク科
【原 産 地】南米、北米
【栽　　培】日なた
【草　　丈】15〜90 cm
【花　　期】夏〜秋

花

Z. 'Profusion'
'プロフュージョン'

　百日草の名前の通り約3カ月間、開花し続ける。植え付け前に摘心をして枝数を増やそう。とても強健なので、植え付け後に特段の手入れは必要ないが、花がら摘みをすると花つきがさらによくなる。

Z. elegans
エレガンス 'サンボウシリーズ'

宿根草の庭に合う一年草

5章
宿根草の庭に合う花木

花木だけでも芽吹きや花、紅葉など多くの楽しみがありますが、宿根草と組み合わせることで、背景やシンボルになったり、木陰をつくって庭の日照条件を変化させたりと、さらに存在感を増すでしょう。

一度植えるとなかなか移動できるものではないので、慎重に植栽場所を選ぶ必要があります。本章では管理が比較的簡単で、特に宿根草と一緒に楽しみたい花木類を紹介します。

Amelanchier
アメランキエル（ザイフリボク）

ジューンベリー

- 【科　　名】バラ科
- 【原 産 地】ヨーロッパ、アジア、北米
- 【樹　　高】中～高木
- 【花　　期】春

[花] [紅] [実]

　早春に白い花、夏には赤黒く甘い果実。紅葉も美しく、シーズンを通じて楽しめる花木。シンボルツリーや、花壇に日陰をつくる目的で植える。
　伸びたり込み合ったりした枝は、花や実が残るよう少しずつ剪定し、地面から出る若芽（ひこばえ）は切り取る。豪雪地帯では枝を束ねて越冬させよう。

北海道ではサクラより早く咲く

初夏に色づく果実

Berberis
ベルベリス（メギ）

- 【科　　名】メギ科
- 【原 産 地】南米、アジア東部
- 【樹　　高】中～高木
- 【花　　期】春～夏

[花] [葉] [実]

　樹高は約2m。銅葉や黄葉、黄色の縁取りが入る'ゴールデン・リング'など多彩な品種がある。
　日陰でも育つが日なたの方が花つき、枝ぶりともに旺盛。強剪定にも耐えるので自由な仕立て方ができ、枝にとげがあるため防犯用の生け垣にも最適。生け垣などに仕立てた場合は冬囲いをするが、自然樹形であれば必要ない。

B. thunbergii f. *atropurpurea*
ツンベルギイ・アトロプルプレア

B. thunbergii 'Aurea'
ツンベルギイ'オーレア'

宿根草の庭に合う花木

Buddleja
ブッデュレヤ（フジウツギ）
ブッドレア

- 【科　　名】ゴマノハグサ科
- 【原 産 地】アジア、アフリカ、北米、南米
- 【樹　　高】中〜高木
- 【花　　期】夏

[花] [香]

　花色は紫や白が中心。花壇の中央〜後方やフォーカルポイントとして使用する。豪雪地では枝を束ねて越冬すると安心。春に新芽の上で剪定しよう。
　アルテルニフォリアは円形の花序がらせん状につくユニークな種で、花後すぐに開花した枝を切り取り、こもを巻くなどして寒風から花芽を守るとよいが、寒冷地・豪雪地での越冬は難しい。

B. alternifolia
アルテルニフォリア

B. 'Flower Power'
'フラワー・パワー'

Calluna
カルナ（ギョリュウモドキ）
カルーナ、ヘザー

- 【科　　名】ツツジ科
- 【原 産 地】ヨーロッパ北部・西部〜シベリア、トルコ、モロッコ
- 【樹　　高】低木
- 【花　　期】夏〜秋

[花] [葉]

　一属一種、ウルガリスのみだが園芸品種は多い。花色は白やピンク、葉はうろこ状で銀葉や黄金葉を持つ種類もある。日なたの花壇前方や、グラウンドカバーに向く。
　花後に、花の咲いた枝を刈り込むように剪定しよう。

C. vulgaris
ウルガリス

宿根草の庭に合う花木

Caryopteris
カリオプテリス（カリガネソウ）

【科　　名】シソ科
【原 産 地】アジア東部〜ヒマラヤ
【樹　　高】低木
【花　　期】秋

[花] [葉]

　樹高は品種によって4mにもなるが、大半は1m前後。さわやかな青色の花だけでなく斑入りや黄色など葉に特徴のある品種が多く、カラーリーフプランツとしても優秀。花壇のどの場所でも映える。
　水はけと日当たりのよい環境を好む。冬期間は寒さで地上部が枯れ込むことが多く、低木というよりは宿根草のよう。春に芽吹いた新芽の直上で剪定する。

C. × *clandonensis* 'Heavenly Blue'
クランドネンシス 'ヘブンリー・ブルー'

C. × *clandonensis* 'Hint of Gold'
クランドネンシス 'ヒント・オブ・ゴールド'

Clematis
クレマティス（センニンソウ）
クレマチス

【科　　名】キンポウゲ科
【原 産 地】北半球の各地
【樹　　高】つる性
【花　　期】夏

[花] [種]

　テッセンやハンショウヅルなども含まれ、種類は非常に豊富。大きく分けて新枝咲き、旧枝咲き、新旧両枝咲きの3タイプがあり、剪定や越冬の方法が異なる。フェンスやパーゴラ、オベリスク、樹木、支柱など、大きさや素材の耐久性に合った種類を絡ませるとよい。
　移植を嫌うので植え場所は慎重に選ぼう。花後の綿毛は秋の庭を彩る。

C. tangutica
タングティカ

C. stans
スタンス（クサボタン）の綿毛

Cornus
コルヌス(ミズキ)

【科　　名】ミズキ科
【原 産 地】北半球の温帯
【樹　　高】中〜高木
【花　　期】夏

葉　紅　枝

　樹高は品種によって違うが、花壇でよく使うアルバ（シラタマミズキ、サンゴミズキ）は約3 m。枝が非常に美しく、代表的な赤枝の他に黄、オレンジ、黒などがある。
　日陰にも耐えるが、本来は日当たりを好む。枝が古くなると樹皮が乾燥し色が落ちるので、株元から切る。樹形を整えたい場合は、雪が降る前に枝を束ねるとよい。
　斑入り葉の'エレガンティッシマ'は、薄桃色に染まる紅葉も魅力的。

C. alba
シラタマミズキ（落葉後）

C. alba 'Elegantissima'
シラタマミズキ 'エレガンティッシマ'

宿根草の庭に合う花木

Cotinus
コティヌス
スモークツリー、ハグマノキ

【科　　名】ウルシ科
【原 産 地】米国、ヨーロッパ南部〜アジア、中国南西部
【樹　　高】中〜高木
【花　　期】夏

花　葉　紅

　庭でよく使うスモークツリーは樹高約4〜5 m。丸みを帯びた涙形の葉は銅葉、黄葉などさまざま。立ち上る煙のような花も赤や緑などバリエーション豊富。
　植栽初年度は冬に枯れ込む枝があるが、本来、強健な花木なので数年で落ち着く。豪雪地で枝折れが心配なときのみ支柱を設置しよう。

C. coggygria
スモークツリー

花につく水滴も美しい

183

Cotoneaster
コトネアステル
コトネアスター

- 【科　　名】バラ科
- 【原 産 地】ヨーロッパ、アジア、アフリカ北部の温帯
- 【樹　　高】低～高木
- 【花　　期】夏

[花] [実]

C. dammeri
ダンメリ

　常緑と落葉、低木から高木までさまざまな種があるが、庭では這い性タイプが使いやすい。高木の株元や、除草が行き届かないような場所のグラウンドカバーに。
　伸びすぎた枝は適宜、剪定しよう。雪の下で越冬する。
　ダンメリは常緑で、秋に赤い実がつく。

法面の土留めにも使える

Deutzia
デウツィア（ウツギ）
モックオレンジ

- 【科　　名】アジサイ科
- 【原 産 地】ヒマラヤ～アジア北部
- 【樹　　高】低木
- 【花　　期】夏

[花] [葉]

D. gracilis 'Variegata'
ヒメウツギ 'ヴァリエガタ'

　白または薄いピンク色の小さな花が房になって咲く。ヒメウツギはコンパクトで利用しやすく、黄緑色の葉はカラーリーフとしても活躍。花壇前方～後方に、コンパクトな種はコンテナで育てるのもよい。
　花後に花の咲いた枝を1、2節程度残して切り取る。冬囲いは必要ないが、豪雪地では枝を束ねると安心。

D. crenata f. plena
サラサウツギ

Erica
エリカ
ヒース

- 【科　　名】ツツジ科
- 【原 産 地】ヨーロッパ、アフリカの温帯、アジア西・中央部の温帯
- 【樹　　高】低木
- 【花　　期】春～秋（種類による）

花 葉

　常緑で、葉は線のように細い。道内の庭では、主にコンパクトで耐寒性のあるダルレイエンシスやカルネアが人気。日なたを好むが、耐陰性もある。花壇前方やグラウンドカバー、園路の縁取りなどに利用する。
　剪定は花後、花が咲いた部分を刈り込むように行う。越冬対策は特に必要ない。

E. × darleyensis
ダルレイエンシス

Fuchsia
フクシア
フクシャ、ホクシャ

- 【科　　名】アカバナ科
- 【原 産 地】主に中米、西インド諸島
- 【樹　　高】低木
- 【花　　期】秋

花 葉

　観葉植物のイメージが強いが、マゲラニカは地植えでも越冬可能。ただし冬期間に地上部が枯れ込むので、春に枯れ枝の剪定が必要。冬前に株元をウッドチップなどでたっぷりとマルチングをしよう。
　葉色も斑入り、黄葉などさまざま。アーチのようにしなる枝にラッパ形の花がたくさんつり下がる。

F. magellanica var. *gracilis*
マゲラニカ・グラキリス

F. magellanica var. *aurea*
マゲラニカ・アウレア

Hydrangea
ヒデュランゲア（アジサイ）
ハイドランジア

【科　　名】アジサイ科
【樹　　高】中～高木
【花　　期】夏

H. arborescens
アルボレスケンス（アメリカノリノキ）
アメリカアジサイ
【原 産 地】北米東部～南東部

[花]

　アナベルがあまりにも有名。非常に強健で植栽場所を選ばないが、やや半日陰くらいの方が好ましい。白色の大きな装飾花は咲き進むにつれ緑色に変化する。
　株分け、挿し木どちらでも簡単に増殖できる。株が大きくなるまでは春に枯れ枝のみ剪定。大きくなったら、雪解け後に地際で刈り込んでも大丈夫。当年枝咲きなので、刈り込む時期が遅いと花が咲かないので注意しよう。
　切り花やドライフラワーにも使われ、最近はピンクの花も人気。

H. arborescens 'Annabelle'
'アナベル'

H. arborescens 'Invincibelle Spirit'
'インビンシベル・スピリット'
ピンクアナベル

H. quercifolia
クエルキフォリア（カシワバアジサイ）
【原 産 地】北米南東部

[花][紅]

　豪華な円すい形の装飾花と真っ赤に紅葉するカシワのような葉が美しい。白い花は咲き進むと徐々にピンク色に変化する。
　耐寒性に問題はないが、花は前年枝に咲くので冬の間に花芽を傷めないよう冬囲いが必要。もしくは冷たい風にさらされないよう、塀や建物に囲まれた場所に植える。

H. paniculata
パニクラタ（ノリウツギ、サビタ、ノリノキ）
【原産地】中国南東部、韓国、ロシア、日本

[花]

　純白の優しい雰囲気の装飾花は、咲き進むにつれピンクや緑色に変わる。当年枝に花が咲くので、雪解け後に剪定して樹形を整える。
　園芸品種が非常に多く、花の大きさや形状が違うので好みの品種を探したい。

H. paniculata f. *grandiflora* 'Minazuki'
グランディフロラ'ミナヅキ'（夏）

グランディフロラ'ミナヅキ'（秋）

H. paniculata 'Little Lime'
'リトル・ライム'（秋）

H. paniculata 'Limelight'
'ライムライト'

H. paniculata 'Vanilla Strawberry'
'ヴァニラ・ストロベリー'（秋）

H. paniculata 'Tardiva'
'タルディバ'

宿根草の庭に合う花木

187

Lonicera
ロニケラ（スイカズラ）
ハニーサックル

【科　　名】スイカズラ科
【原 産 地】北半球
【樹　　高】つる性／低木
【花　　期】夏

[花] [香]

　ハスカップもこの仲間だが、庭では落葉つる性種が人気。花色は白や黄色、オレンジ、ピンクなど、園芸品種も多い。フェンスやパーゴラ、柱などに絡ませて利用しよう。
　剪定は春、邪魔な枝を切り落としたり、前年に伸びた枝を好みの位置まで切り戻す。構造物に絡ませたままで越冬可能。

L. japonica 'Aureoreticulata'
ゴールデンハニーサックル

L. periclymenum cv.
ペリクリメヌムの園芸品種

Philadelphus
フィラデルフス（バイカウツギ）
モックオレンジ

【科　　名】アジサイ科
【原 産 地】ヨーロッパ東部～ヒマラヤ、アジア東部、北米、中米
【樹　　高】低木
【花　　期】夏

[花] [葉] [香]

　純白の清楚な花は、一重や八重など種類により雰囲気は異なる。香りもよい。黄金葉をもつ種もある。花壇の中央～後方に植える。
　剪定をしなくても咲くが、花後に花の咲いた枝を1、2節程度残して切ると樹形が整う。そのままで越冬できるが、豪雪地帯では枝折れを防ぐために枝を束ねるとよい。

P. satsumi
バイカウツギ

P. coronarius 'Aureus'
コロナリウス 'オーレウス'

Physocarpus
フィソカルプス(テマリシモツケ)

【科　　名】バラ科
【原 産 地】北米、東アジア北部
【樹　　高】中～高木
【花　　期】夏

[花] [葉]

　庭でよく使われるのはアメリカテマリシモツケ。枝数は多いがすっきりと立ち上がるので、株元にも草花を植えることができる。銅葉種の'ディアボロ'や黄色葉の'ルテウス'が人気。手まりのような花も愛らしいが、カラーリーフも花壇に彩りを加える。
　耐寒性が強いので冬囲いは必要ないが、積雪地では枝を束ねる。

P. opulifolius 'Diabolo'
アメリカテマリシモツケ 'ディアボロ'

初夏に咲く花

Rosa
ロサ(バラ)

【科　　名】バラ科
【原 産 地】北半球の亜寒帯から熱帯
【樹　　高】低～高木
【花　　期】夏～秋

[花] [葉] [紅] [実]

　樹形、花色ともさまざまで、宿根草と相性抜群。グラウカはカラーリーフプランツとしても優秀。デザイン次第で洋風、和風どちらの庭でも植栽できる。

R. 'Hansaland'
'ハンザランド'

R. glauca
グラウカ

Spiraea
スピラエア（シモツケ）

【科　　名】バラ科
【原 産 地】北半球の温帯、亜寒帯
【樹　　高】低〜高木
【花　　期】夏

[花] [葉]

　なじみ深いユキヤナギやコデマリも含まれる。園芸品種も多く、花だけでなくカラーリーフも人気。シモツケは、春のブロンズ色の芽出しも美しい。列植して花壇の縁取りにも。

S. × vanhouttei 'Pink Ice'
ワンホウッテイ 'ピンク・アイス'

アリウムとの組み合わせ

6章
宿根草の手入れ

宿根草が生き生きと育ち、本来の魅力を十分に発揮させるために、大切な管理のポイントをまとめました。

土と肥料

よい土とは

　上手に宿根草を育てるために、土づくりはとても大切です。どんなに美しい花も、よい土なしには元気に育つことができません。植物に元気がなければよい庭にはなりませんし、庭仕事も退屈です。ただし、あるがままの土に肥料を混ぜただけでは、植物は美しく育ちません。土づくりは植物を育み、庭をつくる上で、最も重要な作業の一つであるといえます。

　では、宿根草本来の魅力を引き出す「よい土」とはどんな土なのでしょうか。

　それは土の中にある根が健全に育ち、水や養分を吸収できる土。水や養分を保ち続ける保水性・保肥性に加え、空気をいつでも取り込めるような通気性と排水性（水はけ）という、一見すると相反する性質をもつ土のことです。

　粘土のような土は粒子がとても細かく、粒子と粒子の隙間がほとんどありません。隙間が小さいほど、そこに水分がとどまりやすく、保水力はありますが通気性・排水性が悪く、根は呼吸ができずに腐ってしまいます。また、れき（小石）や砂ばかりの場所は、土の粒子が大きいので排水性と通気性はよいのですが、保水性がなく養分を土中にとどめておく力もないため、根は十分な水分や養分を吸収することができません。

　理想的な土は、粒子が集まって大きな粒になり、ほどよい隙間がある「団粒構造」をもちます。土全体がふわふわとしてやわらかく、実際に触ってみると手にくっつくような感覚がある粘り気のある土。それが宿根草を育てるうえで最良の土なのです。

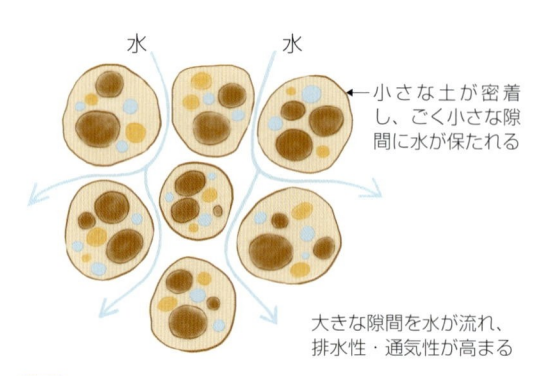

図1 団粒構造をもつ土

- 小さな土が密着し、ごく小さな隙間に水が保たれる
- 大きな隙間を水が流れ、排水性・通気性が高まる

土のつくり方

①耕す

よい土をつくるには、まず耕すことから始まります。

植物の根が成長する深さまで耕すことが必要ですが、宿根草の場合はおおむねスコップ（スペード＝P221参照＝がおすすめ）の刃先一つ分の深さ（約30cm）の土を掘り起こせばよいでしょう。掘り起こしたら、固まっている土をたたいてほぐし、空気を十分に取り込むようにします。土がかたくてスコップが使えなければ、耕運機を利用します。

水はけの悪い土は「ダブルディギング」という方法で耕します（P194〜195図2参照）。スコップの刃先二つ分の深さの土を耕すことになるので、根気がいる作業ですが、特に排水性を向上させ、一度行えば数年間は効果を期待できます。宿根草は3〜5年ごとに株分けをしたいので、そのタイミングでダブルディギングを行うと非常に効果的です。

土中に残っている大きな石や植物の根は、新たに植える植物の根の成長の妨げになるので取り除きましょう。

②堆肥をすき込む

耕した土を団粒構造にするには、堆肥が不可欠です。土を耕す際には腐葉土やピートモス、バーク堆肥など植物性のものと、馬ふんや牛ふん、豚ぷんなど動物性のものをたっぷりとすき込みます。堆肥は、れきや砂が多い土なら保水性と保肥力を高め、粘土質であれば排水性・通気性を向上させます。

堆肥は十分に発酵した完熟のもの（腐植といいます）を使うようにします。未熟な堆肥を使用すると、土中で腐敗が起こり、根を傷めることがあるので気を付けてください。

③平らにならす

以上の作業が終わったら、表面をレーキなどで平らにならし、新しい植物を待つことになります。足跡がついているようなでこぼこの表土では、植栽した植物の根に水分が均等に行き渡らず、成長に差が出てしまいます。土をきれいにならしておくことは、とても大切です。

このような土づくりは春、土の凍結が解け、水分がすっかり乾いてから行う

とよいでしょう。雪解け水が残っていたり、雨が降ったりしているときに濡れた土を耕すと団粒構造が崩れやすく、固まった悪い土になってしまうことがあります。秋に土づくりをして、春まで寝かせておくというのも有効です。

　一連の作業を終えた土の上を歩いたり踏み固めたりしても、同様に団粒構造が崩れます。土づくりは必ず奥から手前へと進むようにし、植栽などでどうしても踏み入れなければならない場合は、歩く場所に板を敷くなどして、できるだけ土を圧縮しないよう工夫が必要です。また、雪解け後には中耕（土の表面を軽く耕して、空気や水の通りをよくすること）をして、土をやわらかくしておきましょう。葉が茂る前は作業がしやすく、植物の成長を促すことができます。

肥料

　宿根草の場合、土づくりですき込んだ腐植が十分な養分になるため、他の肥料を加えることはあまり重要ではありません。ただし、腐植は1〜2年もすると完全に分解されて植物に吸収されたり流出したりしてしまうので、定期的に追加する必要があります。春の新芽が出る前か、秋の刈り取り後などが適した時期といえるでしょう。

　花壇を覆うように腐植を敷きならし、表面の根を傷めないように刃の小さなフォーク（ティックリングフォーク＝P220＝参照）で軽く耕すと土になじみます。株分けのタイミングで腐植を混ぜ、ダブルディギングを行うのもよいでしょう。最初に書いた通り、土づくりは上手な宿根草づくりの大切な鍵ですの

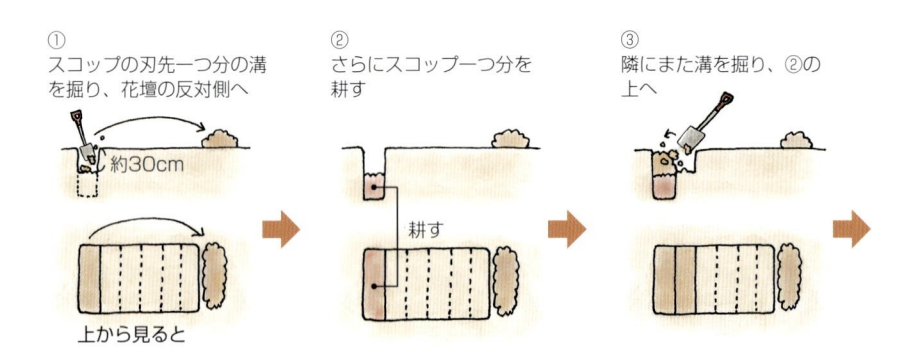

①スコップの刃先一つ分の溝を掘り、花壇の反対側へ
約30cm
上から見ると

②さらにスコップ一つ分を耕す

③隣にまた溝を掘り、②の上へ

図2 ダブルディギングの方法

で、植え込み時だけでなく追加の際にもたっぷりと腐植を使うことが重要です。

　なお、植え込み時などに、初期生育を促すため速効性の化学肥料を利用することがあります。使用する量はパッケージなどの表示を参考にします。

土壌の酸度（pH）

　よく、「土づくりに大切な三要素は物理性、生物性、化学性」といわれます。団粒構造にして土壌の物理性の向上を図り、堆肥をたっぷりとすき込んで微生物が活動しやすい環境をつくり、生物性を高めます。さらに、化学性を知るために土の酸度（pH）を測ります。多くの宿根草はある程度pHの幅があっても問題はなく、北海道の自然な土壌で育つことから、ほとんど気にする必要はないでしょう。

　ただし、日本は雨が多いこともあり、もともと酸性土壌ですから、酸性に傾きすぎた土壌にセイヨウオダマキやカンパヌラといったアルカリ性土壌を好むものを植える際には、石灰などをすき込むことがあります。酸性土壌を好むもの（キレンゲショウマやプリムラなど）を育てる場合は、酸度を調整していないピートモスなどを利用します。

　宿根草花壇には両方の性質の植物を混ぜて植えることが多く、なおかつ大半の宿根草は生育に適したpH値に幅を持っているので、弱酸性〜中性（pH5.5〜7.0）程度であればそのままで構いません。

　酸度の測定には、ホームセンターなどで販売しているキットを利用します。

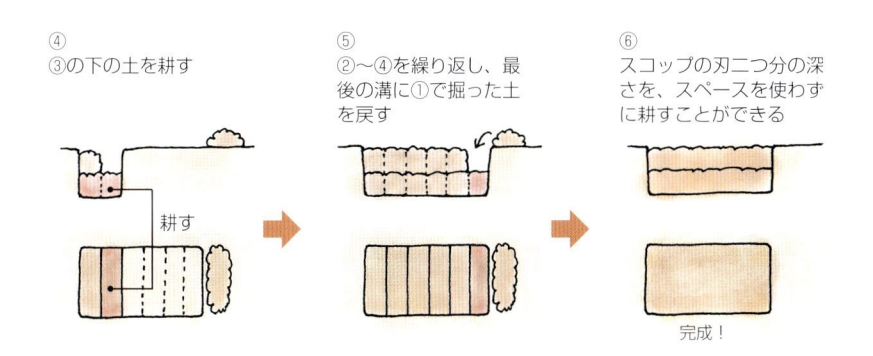

④
③の下の土を耕す

⑤
②〜④を繰り返し、最後の溝に①で掘った土を戻す

⑥
スコップの刃二つ分の深さを、スペースを使わずに耕すことができる

完成！

問題のある土

ここまでに紹介した方法では手に負えない場合もあります。DIYで土壌改良に挑戦してみたものの、途方に暮れて私たちのところに相談を持ち込んでくる人の多くが、次に紹介する二つのケースです。無理をせず、難しい作業はプロに依頼するというのも庭づくりを楽しむコツかもしれません。

①水はけが極端に悪い

耕すだけでは水はけが改善されそうにないなら、土を高く盛って花壇をつくるとよいでしょう。盛り土をする際は、雨や風で土が流れ出ないように、レンガや石積みなどで土留めをします。また、花壇の底に数センチの砂やれきを敷き詰めて排水層をつくるという方法もあります。

いずれにしても、底にたまった水をしっかりと排出できる仕組みをつくっておく必要があります。レンガや石積みはセメントで固めなければ、自然に土が流れ出ない程度の隙間ができるので問題ありませんが、それ以外は暗きょ管などを利用して地中に排水路を設けるのが一般的です。自分で行うには大がかりで専門的な作業になるので、自信がなければ造園業者に依頼しましょう。

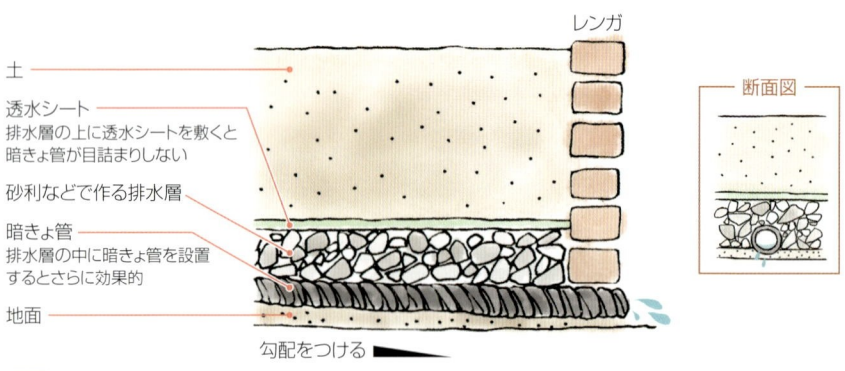

図3 排水層のつくり方

- 土
- 透水シート（排水層の上に透水シートを敷くと暗きょ管が目詰まりしない）
- 砂利などで作る排水層
- 暗きょ管（排水層の中に暗きょ管を設置するとさらに効果的）
- 地面
- レンガ
- 勾配をつける
- 断面図

②大きな石がゴロゴロと出てくる

　住宅地ではよくある問題です。いざ自分で土づくりをしようと思っても、大きな石がゴロゴロ出てきてしまうと、植栽までたどり着くことができず途中で気分もなえてしまいます。しかも、土の表面だけをきれいにしても、年数を経ると次々に石が現れるので、やっかいです。細かい石であれば排水性・通気性の向上にもつながりますが、大きな石はできれば徹底的に取り去ってしまいたいものです。また、がんばって取り除いたけれど、庭の真ん中に大きな石の山ができ、どう処分してよいか分からないということもよくあります。

　こうした場合も、自分で作業を進めるより業者に依頼した方が賢明でしょう。石の混じった土を重機で掘り取って処分し、新たな土を入れてもらうことになります。そのときに、掘り取った後の底土をほぐし、新しい土と混ぜるようにしてもらうと、土を入れ替えたエリアに水がたまってプールのようになることがありません。深さは入れ替える土が30cm、ほぐす底土は5〜10cm程度で十分です。

このように土を入れ替える場合は、造園業者に依頼するのが近道

植え込み

苗選び

　土づくりが終わったら、苗を入手しましょう。

　芽の数が多く、葉の色がきれいでよく茂り、茎がしっかりしていて力強いものがおすすめです。葉が黄色だったり、葉が少なく徒長していたりする苗は避けた方が無難です。

　根がしっかりと回っているものを選ぶことも大切です。園芸店ではたいてい、苗をビニール製のポットに入れて販売しています。ポットを触ってみて、根鉢（鉢形に固まった、根とその周囲の土のこと）がかたくなっていれば大丈夫。力を入れるとすぐに変形してしまうほどやわらかいなら、まだ根が回っていない可能性があります。そのような苗は少し日にちを置いてから花壇に植えるとよいでしょう。

　雑草やコケが目立つ苗も避けてください。一度、花壇に混入した雑草は取り除くのが非常に困難です。

ポットを触ると根の張り具合を確認できる

根がしっかり回っている苗は、根鉢がポットから出ても崩れない

植える時期

　ポットに入った苗は、花壇の土が凍っていたり、霜が降りていたりしなければ基本的にいつでも植えることができます。ただし、シーズン初めごろに流通している苗は温室から出したばかり、あるいは本州から届いたばかりのものが多く、春の寒さにあたって傷んでしまうことも。日中は外に置き、夜間は風除室やガレージに置くなどして、徐々に寒さに慣らしてから植えましょう。

　植え込みに最も適した季節は春か秋です。春は5月中旬から6月末くらいまで。気温の上昇とともに根が勢いよく広がり、茎や葉も成長します。開花期が夏以降のものは、その年から花を楽しめるでしょう。

　秋なら9月ごろに。特にこの時期は、春や初夏に花を咲かせる種類を植えるのに適しています。例えばプルモナリアやブルネラなどは冬前に根を張り、雪解け後に花を見ることができます。ただし秋植えの場合、冬に地面が凍って隆起する凍上現象に注意が必要です。健康な苗を選び9月中に植えてしまわないと、根が十分に張らず被害を受ける可能性があります。植え込みが遅くなったり根張りが不十分なときは、株元を腐葉土などで覆って保護するとよいでしょう。

　真夏の植え込みには、さらに注意を。気温が高く日差しも強いので、土の温度も高くなり乾燥しがちです。こまめに水やりをする自信がなければ、この時期の植え込みは避けてください。

植え込みの方法

　植え込み時には根全体が十分に湿っている状態がよいので、乾いていたら事前に水やりをしておきます。雑草やコケ、ごみはしっかりと取り去ります。

　まずは植えたい場所にポットのまま配置してみましょう。宿根草は2〜3年たって、ようやく本来の大きさに成長します。成長後の

苗を配置した花壇

幅や高さをイメージし、株と株の間は適切か、高さのバランスは取れそうか、多くの苗を同時に植える場合はすべてを配置して、さまざまな角度から確認します。

　位置を決めたら、そこにポットの2倍程度の大きさの穴を掘ります。苗をポットから外し、根鉢の底の細い根を指で少しほぐします。太い根を切ったり折ったりしないように注意を。穴の中心に苗を置いて周囲に土を戻し、ギュッと力を入れて土を押さえ、根鉢と土を密着させます。表土は手や熊手などで平らにならします。花壇の奥から手前に向かって作業を進め、植えた場所を踏まないようにしましょう。

　すべての苗を植え終わったら、はす口を外したじょうろで根鉢の周囲にたっぷりと水やりをします。水が流れる力で、植え込み時にできた土中の隙間もなくなります。その後、はす口をつけたじょうろかシャワーで、作業中に苗についた土を流します。乾燥しているようなら、花壇全体にもたっぷりと水やりを。このとき水の勢いが強いと、せっかく平らにした花壇の表土がでこぼこになったり、水が流れた跡がついたりするので気を付けてください。

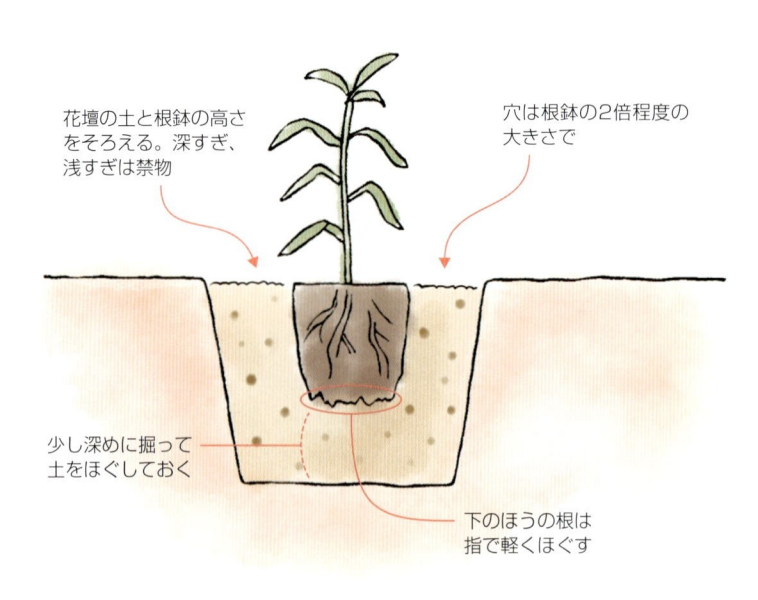

宿根草の手入れ　植え込み

図4　植え込み時の穴の大きさ

植え込み後の管理

　植え込み時にしっかりと水やりをすれば、その後は自然の降雨だけで十分。自分で水やりをする必要はありません。ただし、気温が高い季節に植えたり雨が少ない場合は、植物の様子をみて与えましょう。

　ぜひ行いたいのがマルチングです。花壇の表土を覆うマルチングには土壌の保湿効果があり、夏に日照りが続いても水やりの回数を軽減できますし、凍上を防ぐ効果もあります。材料として一般的なのはウッドチップですが、火山れきや腐葉土などを使うこともあります。

　マルチングをすると、保湿効果のほかにもさまざまな利点があります。土壌の保温、固化防止、雑草抑制、こぼれダネの発芽、病害の予防などに加えて、景観を美しくする効果も挙げられます。庭のスタイルに合わせて材料を選ぶとよいでしょう。ウッドチップは年を経て堆肥化し土壌の養分にもなるので、一石二鳥以上の活躍をしてくれます。

ウッドチップでマルチングを施した花壇。さまざまな効果が得られる

火山れきのマルチング。土壌はやや乾燥気味になるが、修景効果は高い

支柱立て

　背の高い種類だけでなく、強い風雨にさらされたときにも、宿根草は倒れたり草姿が乱れてしまったりすることがあります。植物本来の魅力を損なわないように、また風景の邪魔にならず自然に見えるよう気を付けつつ、支柱を立てましょう。

　シーズンを通して役目を果たすことができる強固な材質を選び、しっかりと地面に差し込んでおく必要があります。プラスチック製の支柱は手軽に入手できますが、剪定枝など自然素材を使った方が庭によくなじみます。

　支柱は5月下旬から6月ごろ、あらかじめ設置しておくのが最もよい方法です。その後、茎や葉が茂ったときに支柱が隠れ、宿根草が自然に草姿を保っているかのように見えます。数年にわたり育てている宿根草であれば、支柱が必要かどうかはすでにわかっているはず。初めて育てるものは、事前に背丈や草姿などを調べ、予想しながら設置することになりますが、最初の年は何もしないで様子を見ると翌年以降の参考になります。

ピースティック。木の枝を適切な位置に差し込み、細枝を編み込む

　デルフィニウムやジギタリスのように花茎が倒れてしまうものは、茎が伸びたころ一本一本に細い竹などの支柱を設置します。茎の性質や状態に合わせて、目立たないように添えるのがポイントです。

アコニツムの茎に竹で添え木をする

　宿根草は成長後の大きさを考え、株と株との間隔を適切にあけて植え込めば根がしっかりと張り、支柱立ても最小限におさえることができます。宿根草本来の魅力を発揮するためにも、過密に植えすぎないよう注意しましょう。

花がら摘みと切り戻し

花がら摘み

　宿根草の株がまだ小さいうちは、花が咲き終わった後に子房ごと花がらを取り除きます。タネを結実させるとエネルギーを大きく使ってしまうため、株がなかなか大きくなりません。また、葉の上などに落ちた花弁をそのままにしておくと、湿気がこもってカビなどの発生源になったりもしますので、こまめに掃除を心掛けましょう。

　ただし、アガパンツスやエキナケア、アスクレピアスのように、花後の立ち枯れた様子がとても魅力的な植物もあります。すでによく育っている株であれば、晩秋の刈り込み直前まで花がら摘みをせず、そのままの姿を楽しみましょう。

アガパンツスとエキナケアの立ち枯れた姿。秋の風景におもしろみが加わる

切り戻し

　花後に株を半分程度に切り戻すことで、再び花を楽しめる種類があります。ネペタ・ファッセニイやサルビア・ネモロサなどは、花が咲き終わる直前にわき芽のすぐ上で花を切り取ってしまいます。すると、このわき芽が伸びて2番花が咲きます。切り戻しのタイミングが遅くなると、咲き終わった花と2番花が混在して見苦しくなるので、7月中旬までには切り戻しを終わらせた方がよいでしょう。

　ゲラニウムのように花茎と葉茎が別になっている種類は、花が咲き終わるタイミングで花茎の一番下から切り戻します。そうすることで株元にしっかりと日が当たり、新しい花茎が伸びて2番花を楽しめます。

ゲラニウムの切り戻し前（上）と直後

宿根草の手入れ　花がら摘みと切り戻し

203

増やす

お気に入りの宿根草を増やしたいとは、誰もが思うことです。方法は主に株分け、タネまき、挿し木の三つ。宿根草の種類や時期に合わせて適切な方法を選びましょう。

株分け

株分けは宿根草の増やし方として最も一般的です。大きく育った株をいくつかに割ることで、数を増やすだけでなく、老化した株の更新も図ることができます。花つきが悪くなったり株の中央が衰退してきたら、老化の始まりです。

時期を大まかに分けると、春に花が咲く種類は秋に、夏以降に咲く種類は早春に。秋は生育が穏やかになる9～10月が最適です。ただし、株分けした切り口が凍害にあいやすいため、日中気温が10度を下回るころには作業を終わらせましょう。春に行う場合は、土壌凍結が緩んで根や新芽の動きが活発になる前の5月中に行います。

①大きくなった株を掘り上げる

他の植物を踏まないよう足場を確保して、掘り取る株の大きさを見極め、根をきれいに切断するために勢いよくスコップ（スペード）を突き刺していきます。株の周囲を一回りしたら、底にスコップを入れて持ち上げます。

②地上部を切り戻す

根のダメージにより吸水が制限されます。余計な水分蒸散を防ぐため、地上部の茎や葉を半分くらいまで切り戻しましょう。晩秋であれば、地際まで刈り込んでしまいます。作業の邪魔になるようなら、掘り上げる前にカットしてもかまいません。

③株を分割する

　根が細かく土をしっかりとつかんでいる株はスコップを刺して割ります。株元についている越冬芽を傷つけないように。

　なるべくきれいな切り口にして根の損傷を最小限にしたいので、スコップで割る自信がない人は包丁などの刃物を使うとよいでしょう。
　掘り上げた株の大きさや種類にもよりますが、株が小さいほど越冬芽が少なくなり、株分け後の花数も減ります。根が少ないとその後の生育にも影響するので、なるべく大きめに分けた方が無難です。また、老化した株ではなく、元気で勢いのある株を残しましょう。

　根が粗く、掘り上げると同時に土がボロボロと落ちてしまうなら、株元から手でほぐすことができるかもしれません。根のダメージも防げます。

④根を洗う

　スギナなど厄介な雑草が株の中に入り込んでしまっていたら、根洗いをするとよいでしょう。雑草の根やタネなども洗い流すことができますが、根を傷めないように、手で優しく丁寧に行います。

宿根草の手入れ　増やす

⑤植える

　株分けをしたら、すぐに植え込みます。植える場所が決まっていなければ、根を乾燥させないようすぐにポットに仮植えするか、新聞紙で包んで日陰に保管します。小さく分けてしまった株は、ポットに植えてしばらく養生するとよいでしょう。

タネまき

　セイヨウオダマキやルピナスのように、北海道では短命な宿根草があります。これらは株分けよりタネまきで増やす方が簡単です。種類によっては「とりまき」（採種してからすぐにまく）がよいものもありますが、ここでは冬に低温保存して早春にタネをまく一般的な方法を紹介します。

①花後にできたタネがよく熟すのを待って採取する

②花がらなどのごみを取り除き、よく乾燥させる

③紙の袋に入れ、冷蔵庫で保存する

④3月ごろから室内でプラグトレーなどにタネをまく（一般的に、発芽に必要な室温は15～20度）

⑤成長に応じて、ビニールポットなど大きな容器に植え替える

⑥しっかりと根が回ったら、花壇に植え込む

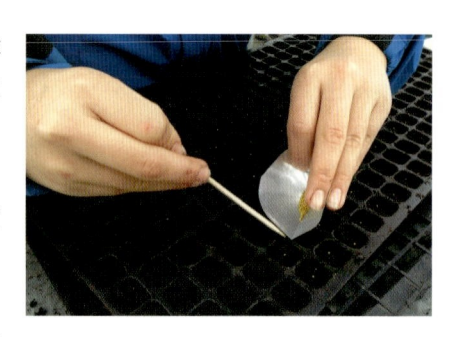

シレネやスッキセラのように、このような作業をしなくてもこぼれダネで増える種類もあります。他の場所で増やしたいなら、タネをとりまきします。増えすぎて困る場合もあるので、必要以上に発芽したら小さな芽のうちに取り除きましょう。

挿し木

　株分けできるほど大きく成長していなければ、挿し木で増やしましょう。いつでも可能ですが、伸びた枝が充実する7月中旬ごろまでが適期です。

①しっかりとした茎を選んで切り取る。病気のついていない充実した茎を選ぼう

②新聞紙で包み、一晩水に浸けて十分に吸水させる

③葉の付け根を2節以上つけ、鋭利な刃物で切り口を切り直して挿し穂をつくる。再び新聞紙で包んで2〜3時間吸水させる

④切り口に発根促進剤をつけて、用土に挿す。パーライトなどの清潔で軽いものを使おう

⑤用土が乾かないように管理し、発根を確認したらビニールポットなどに植え替える

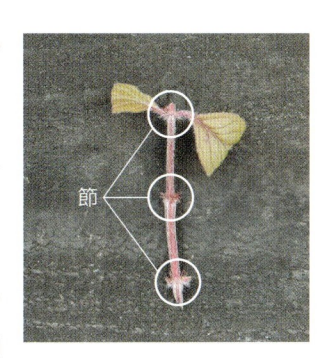

冬越し

　長い間、雪に包まれる北海道の庭。植物が無事に冬を越せるのか、心配なガーデナーも多いでしょう。しかし、北海道は積雪による保温効果があるので、気候や自分の庭の環境に合う植物選びができれば、冬越しは難しくありません。耐寒性がないと庭に植えたままにしておくことはできませんが、この本で紹介している宿根草なら、まず心配はありません。ただし、本格的に雪が積もる前に行っておきたい作業があります。

落葉多年草の越冬

　落葉多年草は休眠期に入ると、地上部を自然に枯らします。休眠の時期は種類によって異なりますが、多くが冬。10月を過ぎると庭の多くの落葉多年草が茶色になります。その姿は美しく深い味わいがあり、まさに秋色の庭を演出する重要な要素ですが、十分に楽しんだら雪が積もる前に地際ですべて刈り取りましょう。

　刈り取りをしなくても、それが原因で翌年に枯れてしまうというわけではありません。しかし、雪が積もってからの作業はやりにくく、翌春に新しい葉が広がり始めた後に、枯れた茎や葉だけを選んで刈り取るのも大変です。また、

花壇には雪の中で春を待ちわび、雪が解けたころに芽を出している植物がたくさんあり、新芽はやわらかく繊細です。小さな芽を注意深く探し、踏まないようにと気を使いながらの作業も同様に骨が折れるでしょう。

　こうした作業を翌春に持ち越すのは得策ではありません。植物にとって春の雪解けは、新しい年の幕開けです。私たちが大みそかに大掃除をして気持ちよく新年を迎えるように、植物の住まいである庭や花壇も雪が積もる前にきれいにして、植物がすがすがしく新しいシーズンを迎えられるようにしてあげたいものです。

　刈り込み作業はできれば2人で行いましょう。1人が株をまるごと包み込むように抱え、もう1人が刈り込みばさみを使って、なるべく地面の近くで切り取っていきます。

　1人で作業する場合は、剪定ばさみで少しずつ刈り込むか、かまを使いましょう。セダムなどのように、すでに翌年の新芽ができている種類もあるので、それらを傷つけないように注意してください。

　刈り込みが済んだら、花壇に散らばっている茎や葉をきれいに片付けましょう。最後の掃除も肝心です。

宿根草の手入れ　冬越し

オーナメンタルグラスは冬も観賞

　ミスカンツスなどのオーナメンタルグラスは、雪の中でも立ち枯れた穂がすっくと立ち、非常に観賞価値が高いものです。積雪の多い地域では雪に埋もれてしまうかもしれませんが、刈り取らずに冬の景色を楽しむのもよいでしょう。雪が解けたらすぐ、地際で刈り取ります。

雪景色に映えるグラス

ロゼット葉をもつ落葉多年草

　落葉多年草のなかには、プルモナリアやスタキス、スカビオサなど、ロゼット葉を残して越冬する種類があります（半常緑、半落葉などと呼ばれることも）。ロゼット葉とは短い茎につく葉で、地面に張りつくように丸く広がります。タンポポの葉を想像するとわかりやすいでしょう。

　木々が葉を落とし背丈の高い草花が枯れている間、積雪直前や雪解け直後にも、ロゼット葉は太陽の光を浴び、地温を利用して効率よく光合成を行っています。植物にとってとても大切な葉なので、刈り取ってしまわないように。ただし、

ロゼット葉（ペンステモン・ヒルスツス）

雪解け後に茶色くなった葉があれば取り除きます。

常緑多年草（耐寒性種）の越冬

　北海道で育てられる常緑多年草はそう多くありません。ヘレボルス、ベルゲニア、アサルム、エウフォルビア（常緑種）、アジュガ、ヘウケラなどが挙げられます。常緑多年草は雪の下でも葉が緑のまま。雪が解けるとすぐに光合成を始めるので、地上部を刈り取らないようにします。葉がないと光合成ができないため生育が止まり、最悪の場合は枯れることもあります。

　常緑多年草は、花が咲き終わった茎や、役目を終えて枯れている葉だけを剪定ばさみで切り取るようにしましょう。春の雪解け時にも、茶色くなった葉や、雪の重みや湿気で折れたり枯れたりしている葉があるので、取り除いてきれいにします。

常緑種だけを刈り残した花壇

マルチング

　耐寒性があるとされる種類でも、自分の庭で冬越しできるかどうか判断に迷うことがあります。隣の庭では越冬しているのに、自分の庭ではだめだったというケースも少なくありません。

　そのような場合は、ウッドチップや腐葉土、バーク堆肥などで株を覆うようにマルチングをするのが有効です。根の広がりをイメージした範囲に、15〜20センチ程度の厚みがあれば十分。北海道で宿根草を育てるには、根が雪の保温

効果で守られることが前提なので、この方法は平年よりも積雪が遅い場合や、積雪の少ない地域でも効果があります。宿根草の種類はもちろん、地域の気候やマイクロクライメイト、その年の天気などを見極めながら行いましょう。

　越冬のために使ったマルチングは、雪解け後に花壇に敷きならすことで腐植としての役目も担います。

ウッドチップ、腐葉土、バーク堆肥など

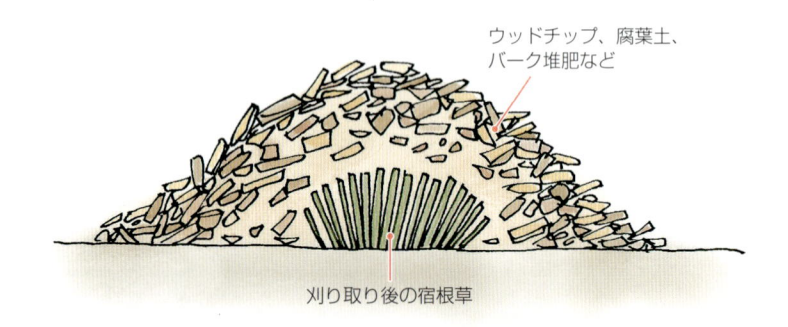

刈り取り後の宿根草

図5 マルチングの方法

腐植を入れる

　落葉多年草の刈り込みがすべて終わると、花壇はすっきりします。このタイミングで腐葉土や堆肥などの腐植を表面に敷きならし、表土にすき込むとよいでしょう。茎や葉が茂っていない花壇は作業がしやすいですし、表土もよく見えます。時間をかけてゆっくりと土に浸透していくので、春に行うよりも効果的です。

　ウッドチップや火山れきなどでマルチングをした花壇は、株の周囲を手でよけてから腐植を施し、またマルチングを戻します。

球根の植え込みと管理

　球根植物には、大きく分けて春に花が咲く球根と、夏から秋に咲く球根があります。それぞれの管理については P218「年間作業カレンダー」を参考にしてください。

植え付け

　球根は張りがあってしわが少なく、カビがついていないものを選びましょう。ポット苗と同様に、成長後のバランスや他の植物との間隔などを考えて慎重に配置をしてから植え込みます。植える深さは球根の大きさの 2〜3 倍が目安。秋に植える場合は、冬の凍上に備えて十分な深さを確保し、しっかりと土を押さえます。

花がら切りと掘り上げ

　花が咲き終わった後も花を残したままだと、タネをつけて球根の栄養が奪われてしまいます。花が終わった時点で花首から手で折り取りましょう。その後、葉や茎で光合成をしながら球根を太らせます。

　寒さや湿気に弱い、あるいは子球が多くできる種類は、球根を掘り上げます。葉や茎が黄色く枯れて光合成を終えたタイミングで行い、掘り上げた後に消毒したはさみで茎を切り取ります。多くは植え込みの時まで風通しのよい日陰で保管します。

増やし方

　球根を掘り上げた際に子球ができていたら、分球して植え込みます。小さなものは翌年に花を咲かせることはできませんが、数年で親球と同じ大きさに育ちます。

　球根が増えにくいものはタネを採取して増やすこともできます。この場合、花を咲かせるまで 3〜5 年ほどかかります。

コンテナで育てる

　宿根草は一年草と違い、数年かけて本来の草姿になる植物です。そのため、本来は地面に植えて伸びやかに育てることが好ましいといえます。ただし、花壇を新たに設置することが難しい場所や、集合住宅のベランダなど小さなスペースで楽しみたいときは、プランターや植木鉢などのコンテナ（容器）に植えるとよいでしょう。

エウパトリウムやゲラニウムの寄せ鉢

　コンテナガーデニングは土の量やスペースに制限ありますが、土の性質を選ぶ植物であれば、コンテナの中の土を最適なものにできるなど、かえって管理しやすい場合があります。また、宿根草は株の大きさや生育期間に差があるので、一つのコンテナにさまざまな種類を寄せ植えするよりも、一品種のみ植えた鉢を集めて楽しむ「寄せ鉢」の方が見応えがあります。

植え込み方法

　根がしっかりと張るので、余裕をもった大きさの容器を選びます。通気性や景観を考えるとテラコッタ（素焼き）の鉢がおすすめですが、大きなものだとかなりの重量になり、植え替えや移動が大変です。軽量で安価なビニールポットに植え、鉢カバーとしてテラコッタを使うという方法もあります。

　植え込みの用土は、一般的に軽量で水はけのよいもの（配合の例＝赤玉土5：火山れき3：腐植2）が向いていますが、なかには湿った土や重い土を好む種類もあります。植物に合わせて調整しましょう。リン酸分の多い元肥を適量混ぜるのも効果的です。

テラコッタの鉢でビニールポットを隠す

鉢底には排水性の向上のためゴロ土（大粒の石）や割れたテラコッタのかけらなどを入れます。砕いた木炭を入れると余分な水分を吸収し、根張りも旺盛になります。

　コンテナの縁から少し下げて植え込み、ウオータースペースを確保します。土がやわらかすぎると、すぐに鉢いっぱいに根が回ってしまうので、根鉢の外周の土は棒などでしっかりと突き固めます。作業が終わったら鉢底から流れ出るまでしっかりと水を与え、葉についた泥やほこりも洗い流しましょう。

鉢底に入れた木炭

根を傷つけないように外周の土を突いて詰める

日常の管理

　コンテナ植栽で重要なのは、水の管理です。表土が乾いたら、たっぷりと水やりをしましょう。表土を濡らす程度のわずかな水では、根の先まで水が回らないため意味がありません。また、常に表面だけ湿っていると根腐れの原因になります。

　枯れ葉や病気の葉を見つけたら、土の上に落ちる前に取り除きます。

　基本的に追肥は必要ありませんが、花が咲き終わったら速効性の肥料を適量、株元に置くとよいでしょう。

　冬の間は鉢を倒して雪の下にしておきます。ベランダなど雪のない場所では、地上部を切り戻し、発泡スチロールの箱などに入れて管理します。春になったら箱から取り出して、たっぷりと水やりをしましょう。

　宿根草は数年にわたって成長するので、できれば毎年、植え替えを行いたいものです。根鉢の土を洗い落とし、新しい用土に植え直しましょう。根が完全に回っているようであれば、2サイズ大きな鉢に取り替えます。作業時季は春が適しています。

気を付けたい病虫害

被害を防ぐポイント

　宿根草は果樹や野菜などに比べると、とても丈夫です。病虫害の心配はそれほどありませんが、発生させないためのポイントは以下の通りです。

・健康な苗を入手する

　葉色が鮮やかなもの、節と節の間が詰まっているもの、傷や汚れが少ないもの、株がぐらついていない根がしっかり張ったものを選びましょう。

・適した環境に植える

　日当たりや土壌（水はけ）などが合わないと生育不良になり、病虫害の発生につながります。

・適切な株間を保つ

　通気性の悪さも病虫害を引き起こす原因になります。

・過度な水やり、葉水を控える

　庭植えの宿根草なら、根が張ってしまえば水やりは基本的に降雨のみで十分。葉水はうどんこ病やハダニには効果的ですが、逆に他の病虫害の発生を誘発する恐れがあります。

・肥料を与えすぎない

　肥料が多すぎると植物は軟弱に育ち、病虫害が発生しやすくなります。

・除草と掃除をしっかりと

　雑草で込み合い、落ち葉や花がらがたまった花壇は病原菌や害虫の温床に。

・マルチングをする

　地面から跳ね返る病原菌を防ぐことができます。

宿根草に多い病虫害

　上記の点に注意をして育てていても、どうしても発生してしまう病虫害があります。

・うどんこ病──モナルダ、フロクス、アクイレギアなど

　葉が白いカビで覆われ、白くなる病気。特にモナルダやフロクスに発生しやすく、防除が困難です。被害を最小限にとどめるため、株と株の間隔が狭くならないよう特に注意して植栽しましょう。葉が茂りすぎた場合は、間引くように葉を摘み取って、通気性の向上を図ります。

うどんこ病が原因で枯死してしまうことはまれですが、ひどいときは光合成ができず成長の妨げになります。毎年、発生するようなら病気が進行する前に、なるべく早く薬剤を散布します。

・アブラムシ——ヘメロカリスなど

つぼみがやわらかくなると、必ずといっていいほど発生します。放っておくと他の害虫や病気の原因にもなるので、見つけ次第つぶすのが一番。数が多い場合はスプレータイプの薬剤を散布するとよいでしょう。植物全体にかけてしまわないように、虫が発生しているポイントを目がけてスポット散布します。

モナルダに発生したうどんこ病

・葉を食べる虫——ホスタなど

アオムシやナメクジなど、葉を食べてしまう虫を発見したときは、すぐに割りばしや手袋をした手で捕まえて処分しましょう。有毒な虫である可能性もあるので、素手で触れない方が賢明です。まめに観察することで発見を早め、被害を最小限におさえることができます。

見つけ次第すぐに処分しよう

・ウイルス性の病気——アリウム、ユリなど

ウイルス性の病気は親株から引き継がれたり、はさみなどを介して感染することもありますが、多くはアブラムシが媒介するので、その防除が重要になります。また、発生したら薬剤でおさえることはできず、放置しておくと他の植物に伝染してしまうので、すぐに株ごと掘り上げて処分しましょう。

植物を毎日よく観察していれば、異変に早く気付くことができます。愛情を持って植物に接することが、病虫害の拡大をおさえる最も大切なポイントかもしれません。

宿根草の手入れ　気を付けたい病虫害

年間作業カレンダー

	4月	5月	6月
共通の作業	落ち葉などの清掃 →	→	→
春咲きの宿根草 プルモナリア、ブルネラなど	中耕	植え込み / 花がら摘み	水やり
夏咲きの宿根草 ゲラニウム、ネペタなど		中耕	植え込み / 支柱立て / 花がら摘み / 水やり
秋咲きの宿根草 エウパトリウム、アスターなど		中耕	植え込み / 支柱立て / 株分け / 水やり
グラス類 ミツカンツスなど		中耕 / 刈り込み	植え込み / 株分け
春咲き球根 チューリップなど		花がら摘み	
夏咲き球根 ユリなど			
秋咲き球根 コルチカムなど			

月	8月	9月	10月	11月
除草				
(日照りが続いているときのみ)				
		植え込み		
			刈り込み	
		株分け	腐植のすき込み	
(日照りが続いているときのみ)				
		植え込み		
			刈り込み	
り戻し		株分け	腐植のすき込み	
(日照りが続いているときのみ)				
		植え込み		
			刈り込み	
			腐植のすき込み	
		植え込み		
れた葉の除去	腐植のすき込み			
		植え込み		
掘り上げ ※必要なもの				
	腐植のすき込み			
		植え込み		
がら摘み	掘り上げ ※必要なもの			
腐植のすき込み				
	植え込み			

宿根草の手入れ　年間作業カレンダー

庭仕事に役立つ道具

　使いやすい道具があれば、庭仕事はぐんとはかどります。用途やサイズの異なる種類をいくつかそろえておくと便利。オフシーズンにはしっかり手入れをして、長く大切に使いましょう。

植木ばさみ（木ばさみ）
用途：花がら摘みや切り戻し

はさみ類は購入前に必ず握ってみること。サイズが合わないと疲労の原因に Ⓐ

多用途ばさみ
用途：なんでも

クラフトチョキ（ARS）は植物の手入れはもちろん、肥料の袋を開けたりビニールひもを切ったり、何かと重宝する万能ばさみ Ⓐ

剪定ばさみ
用途：太い茎や根を切る

ライターであぶって消毒できる鋼（スチール）の刃がおすすめ。スイス・フェルコ社の「FELCO 2」は何にでも対応できる一生もの Ⓑ

ハンドフォーク
用途：株分け・腐植のすき込み

根をほぐすときにも使える（スネープール）Ⓒ Ⓔ

レーキ
用途：表土をならす、花壇の清掃など

花壇の大きさや使い勝手に合わせて、爪の材質や幅、柄の長さを選ぼう。爪がプラスチック製のものはよくしなり、花壇の清掃に向く（イギリス・スピア＆ジャクソン）Ⓔ

フォーク
用途：掘り上げ、大株の株分け

土に挿してもしならない、かたいものを選ぼう（スピア＆ジャクソン）Ⓔ

ティックリングフォーク
用途：腐植のすき込み

斜めに挿すように使うのがコツ。オランダ・スネープール社のグレートディクスターモデルがおすすめ Ⓒ Ⓔ

ショベル（剣先スコップ）
用途：（かたい）土を掘る

刃に足をかける部分があるのがショベル。体重をのせて土に深く挿すことができる（金象印）Ⓐ

ショベル（角スコップ）
用途：（やわらかい）土を掘る、すくう

縁があるので、土をすくって運ぶのに最適（金象印）Ⓐ

スペード
用途：株の掘り上げ

本来は鋤（すき）のように土を耕すための道具（スピア＆ジャクソン）Ⓔ

移植スコップ
用途：苗・球根の植え込み

グリップの中央部分が細くなっているものが使いやすい。刃先の細いタイプは球根の植え込みや除草に向くが、周囲の植物の根を傷めないよう先端が丸いものがよい（スネーブール）ⒸⒺ

麻ひも
用途：誘引

なるべく目立たない色を選ぼうⒷ

イコロの森ガーデナーの愛用品

ガーデントート
村本テント（後志管内岩内町）の帆布製ツールバッグは、はさみなどを入れても破れない。防水加工タイプは泥だらけの場所にも置けるⒺ

エプロン
ちょっとした庭作業時にはエプロンを。岡山県でつくられている「ナプロン」はおしゃれで、作業服のように丈夫。大きなポケットがあるのも便利ⒹⒺ

ペンフォルダー
必要なときになぜか見つからないのがペン。これは首から下げるタイプで、鍵も一緒につけられる（苫小牧市・アルマジロ）Ⓔ

宿根草の手入れ／庭仕事に役立つ道具

取り扱い先
Ⓐジョイフルエーケー屯田店（札幌市北区屯田 8-5 ☎ 011・775・7777）http://www.jak.co.jp/
Ⓑフローリスト＆ガーデニングツール momiji（札幌市中央区北 4 西 13 ナムズビル 2 階 ☎ 011・215・0075）http://momiji-s.com/
Ⓒエコツールマーケット（兵庫県三木市鳥町 27 ☎ 0794・86・7000）http://www.ecotoolmarketco.com/
Ⓓナプロン（岡山市北区辰巳 2-101 ☎ 086・259・1425）http://www.napron.jp/
Ⓔイコロの森（P255 参照）

付録

植物の名前

　植物には名前があり、実にさまざまな呼ばれ方をしています。それは植物が世界の多様な文化のなかで、私たちと密接に関わってきたからかもしれません。

　例えば、古くから日本人の身の回りにある植物や、世界でよく知られている植物には日本語の名前（和名）がつけられ親しまれています。しかし、ひとたび違う言語を使う地域に行けば、同じ植物が別の名前（英名、独名、仏名など）で呼ばれていますし、日本国内でも地域によって呼び方が異なることがあります。すべての植物に和名がつけられているわけではなく、また和名があっても浸透していないこともあります。さらに近年は、海外から多くの新しい種類の植物が導入されていますが、それらが普及する際には商品としての新しい名前もつけられます。

　このような背景から、一つの植物に複数の名前がつけられたり、違う植物が同じ名前で呼ばれたり、といった混乱が生じているのも事実です。本書では多様な植物を紹介するにあたり、その混乱を避けるため、学名を優先して表記しています。

　学名は確認されている世界のすべての植物につけられ、一つの学名がただ一つの植物を示す、世界共通の名前として採用されています。基本的にラテン語で表記され、ラテン語本来の発音で読まれますが、日本では便宜的にカタカナで表記されるため、微妙な違いが生じることがあります。

〈例〉*Echinacea* ― エキナケア、エキナセア

分類と学名

　学名はスウェーデンの植物学者カール・フォン・リンネ（Carl von Linné＝ラテン語で Carolus Linnaeus、1707-78）によって提唱されました。植物の分類階級は大きな分類から順に「界→門→綱→目→科→属→種→亜種→変種→品種」となり、学名はこのうちの属と種の二つを組み合わせた「二命名法（二名法）」で表します。さらにこの後ろに命名者の名前がつきますが、多くは省略されています。

〈例〉分類※：Plantae（植物界）
　　　　　　Magnoliophyta（被子植物門）
　　　　　　Magnoliopsida（双子葉植物綱）
　　　　　　Rosidae（バラ亜綱）
　　　　　　Geraniales（フウロソウ目）
　　　　　　Geraniaceae（フウロソウ科）
　　　　　　Geranium（フウロソウ属）
　　　　　　Sanguineum（アケボノフウロ種）
　　　学名：*Geranium sanguineum* Linnaeus
　　　　　　　　属名　　　種小名　　　命名者名
　　　　　　ゲラニウム・サングイネウム・リンナエウス
　　　和名：アケボノフウロ
　　　※ APG体系では門と綱の分類をしていないため、クロンキスト体系による

属名

　分類の基本となるグループ。主に人名、地名、その植物の特徴を示す名詞が選ばれます。必ず大文字で書き始め、イタリック体（斜体）で記載します。

種小名（種名）

　属のなかでの種類を表し、常に属名の次に表記されます。植物の形態的な特徴、発見した人物や場所などを表す言葉が多く用いられます。

〈例〉alba、album、albus　─　白い
　　　phaeum　─　薄暗い、黒っぽい
　　　gigantia、giganteum、giganteus　─　大きい
　　　japonica、japonicum　─　日本の
　　　sinensis　─　中国の
　　　sieboldii　─　シーボルト（ドイツの医師・博物学者、1796－1866）の

　さらに、種のなかでも異なる特徴（変異）をもつものは亜種、変種、品種などに分類されます。
　種小名以下は、略号と園芸品種名を除いてすべてイタリック体、小文字で記載します。

付録　植物の名前

亜種　subsp.

地域的に隔絶された離島など、異なる生育分布が見られるもの。subsp. は subspecies の略号で、ssp. とも表記します。

〈例〉*Geranium robertianum* ssp. *robertianum*
　　　ゲラニウム・ロベルティアヌム　亜種ロベルティアヌム
　　　（和名：ヒメフウロ　亜種ロベルティアヌム）

変種　var.

地域的な分布に関係なく、形態的な変異が見られるもの。varietas の略号。

〈例〉*Geranium yezoense* var. *yezoense*
　　　ゲラニウム・エゾエンセ　変種エゾエンセ（和名：エゾフウロ）

品種　f.

葉、花、果実などの性質や色に小さな変化が現れたもの。forma の略号。

〈例〉*Geranium erianthum* f. *pallescens*
　　　ゲラニウム・エリアンツム　品種パレスケンス（和名：トカチフウロ）

園芸品種　cv.

亜種、変種など野生で起こった変異ではなく、園芸目的などで人工的につくり出されたもの。cultivata varietas の略号で、'○○○○' のようにコーテーションマーク（引用符）でくくり表記することもあります。基本的に作出の基になった種名（あるいは亜種、変種、品種）の後に続きますが、それが複雑であったり不明であったりするときは省略され、属名の後に園芸品種名だけを表記します。

園芸品種名はラテン語にこだわらず、さまざまな言語でつけられます。また、野生の変種と区別するためにローマン体（立体）で記載します。

〈例〉*Geranium phaeum* var. *phaeum* cv. Samobor
　　　ゲラニウム・ファエウム　変種ファエウム　'サモボル'

交雑種 ×

　自然、人為に関わらず、異なる属や種の交雑によって生まれたものには新たな名前がつけられますが、その前に × をつけることで交雑種であることを示します。

〈例〉 *Geranium* × *magnificum*
　　　ゲラニウム×マグニフィクム
　　　(*Geranium platypetalum* と *Geranium ibericum* の交雑種)

不明 sp. または hybrid.

　種小名が不明、あるいはまだ学名がつけられていない場合、属名の後に表記します。species の略号で、複数の種をまとめたときは spp. となります。また、複雑な交配の結果生まれた交雑種で占められ、正式な名前がつけられていないグループには hybrid.（hybridus の略号）が用いられます。

　学名は私たち日本人にあまりなじみのない言語で表されているため、わかりにくいかもしれません。しかし学名は世界共通で、ただ一つの植物を示すだけでなく、植物の分類や特徴、原産地などに由来するため、初めて見る植物でもおおよその性質を推し量ることができます。

　また、日本に取り入れられたばかりの種類は、図鑑や書籍で紹介されていないことも多く、インターネットで学名を検索することがその植物を知る大きな手がかりとなります。英語やドイツ語がわからなくても、正確な学名で検索をすれば、画像などから花の色や形、成長後の草丈や姿、組み合わせたい植物、植物の魅力を発揮するシーンなど多くの情報を知ることができるのです。

　新しい植物が次々と取り入れられている現在、学名を知ることは上手な庭づくりのために大きな手助けとなるでしょう。自分の庭で育てる植物は、舌をかみそうなカタカナの名前でも敬遠せず、覚えてみるといいかもしれません。

基本の園芸用語集

ーー あ ーー

ウオータースペース
コンテナの縁から表土までの空間。水やりの際に、この部分にたまった水が用土にしみ込む

液肥［えきひ］
液体で与える肥料。すぐに効くが、効果は長続きしない。粉末を溶かして使うタイプもある

置き肥［おきひ、おきごえ］
土の上に置くことでゆっくりと効果があらわれる肥料のこと

ーー か ーー

返り咲き［かえりざき］
通常の開花時期が終わった後に、再び花が咲くこと

花序［かじょ］
花の配列。茎の先端に一つだけつく「単頂花序」(チューリップなど)、一つの茎に複数の花がつき下から順に咲く「総状花序」(ジギタリスなど) などがある

化成肥料［かせいひりょう］
無機物を化学合成してつくった肥料。植物の種類や目的などに応じて成分が調整されている。有機質肥料に比べて速効性がある

カラーステム
赤や黄色などに色付いた観賞価値の高い茎や枝

緩効性肥料［かんこうせいひりょう］
与えたときから効果があらわれ、ゆっくりと持続して効く肥料

木立ち性［きだちせい、こだちせい］
草花だが木のように複数の茎が直立する性質

球根［きゅうこん］
根や茎、葉の一部をふくらませ、生育に必要な養分を蓄えた器官。短い茎の周囲に変形した葉が何層にも重なる「鱗茎」、茎が肥大した「球茎」「塊茎」、地中を長く横に這う茎が肥大した「根茎」、根が肥大化した「塊根」などがある

休眠［きゅうみん］
乾燥や低温など生育に適さない環境に耐えるため、植物が活動を一時的に休止すること

切り戻し［きりもどし］
茎や枝を付け根からではなく、途中まで切り詰めること。株を若返らせ、新しい芽を伸ばして茎や花の数を増やしたり、株姿を整えたりすることができる

原種［げんしゅ］
品種改良される前の、本来の遺伝的性質を持った野生のままの種のこと

号 (鉢の号数)［ごう］
植木鉢の直径を1号 = 3cm で表す単位。5号鉢なら 5 × 3cm = 直径 15cm になる

こぼれダネ
熟して自然に地面に落ちたタネのこと

ーー さ ーー

挿し木［さしき］
茎や枝、葉などを切り取って用土に挿し、発根させて増やすこと

シードヘッド
花後にタネができて膨らんだ子房 (果実) の部分

直まき［じかまき］
タネをプラグトレーやビニールポットではなく、花壇などに直接まくこと

自生［じせい］
植物がその地域に自然に生え育っていること

節［せつ、ふし］
茎のうち、葉や芽がつくられる部分。葉が出ているところ

前年枝［ぜんねんし］
前の年に伸び始め、越冬して2年目を迎えた枝。二年枝ともいう。この春に伸び始めた枝は当年枝 (一年枝)

即効性肥料［そっこうせいひりょう］
与えるとすぐに吸収され、効果があらわれる肥料。液肥のように速効性があるが、長続きしないものが多い

ーー た ーー

堆肥［たいひ］
落ち葉や動物のふんなどの有機物が、微生物によって分解されたもの。肥料分は含まれるが、植物の生育には不十分。土壌改良材として用いられる

立ち性［たちせい］
茎や枝が直立して伸びる性質

遅効性肥料［ちこうせいひりょう］
有機質肥料のように、与えてから効果が出るまで時間はかかるが、長く穏やかに効く肥料

中耕［ちゅうこう］
土の表面を軽く耕すこと。雑草を取り除き、通気性をよくする効果がある

摘心［てきしん］
茎や枝の先端に新しく伸びてきた芽を摘み取ること。ピンチとも

銅葉［どうば］
銅のように赤黒く、つやのある葉のこと。ブロンズリーフとも

徒長［とちょう］
茎や枝が間延びして伸びること。日光不足や窒素肥料の与えすぎなどで徒長しやすくなる

とりまき
実ったタネを採取して、保管せず、すぐにまくこと

な

ナーセリー（ナーサリー）
花や苗木を生産・販売する場所や業者のこと

根腐れ［ねぐされ］
植物の根が腐ること。水や肥料の与えすぎ、水はけが悪いといった原因が考えられる

根詰まり［ねづまり］
根鉢が根でいっぱいになり、それ以上伸びるスペースがなくなること。根が呼吸できずに枯れてしまうことがある

根鉢［ねばち］
植物を鉢や花壇から抜いたときに見られる、根と土が固まりになった部分

は

這い性［はいせい］
茎や枝を地面を這うように伸びる性質。ほふく性ともいう

培養土［ばいようど］
植物を栽培するために使う土（用土）。赤玉土やピートモスなどを混合し、すぐ使えるようになっている

花がら［はながら］
咲き終わった後、散らずに残ってついている枯れた花のこと

葉焼け［はやけ］
強い直射日光が当たり、葉が変色したり枯れてしまうこと

半日陰［はんひかげ］
1日のうち3〜4時間しか日光が当たらないか、木漏れ日程度の弱い日差しが1日中当たるような状態

肥料の三要素［ひりょうのさんようそ］
植物が生育するために最も多く必要とする窒素（N）、リン酸（P）、カリ（K）の3成分のこと。主に窒素は葉、リン酸は花や果実、カリは根の成長を促す

肥料焼け［ひりょうやけ］
肥料が多かったり濃すぎたりしたせいで根が傷み、株が弱ること

斑入り［ふいり］
葉や花弁、茎などに、地の色とは違う色がまだらに入っていること

腐葉土［ふようど］
落ち葉が堆積し、微生物によって発酵・分解されたもの。栄養分に富み、保水性や通気性にも優れる

pH［ペーハー、ピーエッチ］
水の中に水素イオンがどれだけ含まれているかを示す単位。0から14まであり、pH7.0が中性で、それより数値が小さくなると酸性が、大きくなるとアルカリ性が強くなる

ほふく性［ほふくせい］
茎が地面を這うように伸びる性質。這い性とも

ま

マルチング
土の表面をウッドチップなどで覆うこと。地温の調整、土の乾燥や病虫害、雑草予防などの効果がある

実生［みしょう］
植物がタネから育つこと

元肥［もとごえ］
植え込みの前に施しておく肥料

や

有機質肥料［ゆうきしつひりょう］
動物や植物からつくられた肥料。土壌中で微生物に分解されながらゆっくりと効いていく

ら

れき
粒の直径が2ミリ以上の岩石の破片のこと。砂よりも粒が大きいもの

わ

わい性［わいせい］
草丈の低いもの。その種の標準的なサイズよりも小さいまま成熟する性質のこと

わき芽［わきめ］
葉や茎、枝の付け根（節）から出る芽のこと。側芽（そくが）とも

宿根草を見るなら ── 道内の主なガーデン

道央

えこりん村銀河庭園
恵庭市牧場 277-4 ☎ 0123-34-7800
世界的なコンテストで数々の受賞歴を誇るイギリス人デザイナー、バニー・ギネスさんがデザイン。広大な敷地内に表情豊かな 30 のテーマガーデンがある。
http://www.ecorinvillage.com/

ゆにガーデン
由仁町伏見 134-2 ☎ 0123-82-2001
四季折々の花が途切れることなく咲き続けるイギリス風庭園。160 メートルも続く宿根草ボーダーガーデンは圧巻。
http://www.yuni-garden.co.jp/

ノーザンホースパーク　K's ガーデン
苫小牧市美沢 114-7 ☎ 0144-58-2116
園内には約 1 キロの遊歩道が設けられ、小川のせせらぎを聞きながらさまざまな植物を観賞できる。月形町コテージガーデンの梅木あゆみさんがデザイン。
http://www.northern-horsepark.co.jp/

道北

上野ファーム
旭川市永山町 16 丁目 186 ☎ 0166-47-8741
「北海道ガーデン」ブームの先駆け。園芸家・上野砂由紀さんがイギリスのガーデンスタイルをさらに発展させ、北国の気候風土に合った宿根草中心の庭をつくり上げた。
http://www.uenofarm.net/

あさひかわ北彩都ガーデン
旭川市宮前 2 条 1 丁目 ☎ 0166-74-5966
JR 旭川駅に直結した、全国的にも珍しい都心の本格ガーデン。大雪山系を水源とする忠別川の流域に、宿根草と花木 300 種を植栽。

大雪　森のガーデン

上川町菊水 841-8（大雪高原旭ケ丘）　☎ 01658-2-4655
国立公園・大雪山系を望む丘陵に広がる森の中につくられた庭。緑豊かな「森の迎賓館」と上野砂由紀さんデザインの「森の花園」で構成。
http://www.daisetsu-asahigaoka.jp/

風のガーデン

富良野市中御料　☎ 0167-22-1111（新富良野プリンスホテル）
テレビドラマ「風のガーデン」（2008 年）の舞台となった庭。ワイルドローズを中心に宿根草とグラスで構成された「薔薇（バラ）の庭」を併設。
http://www.princehotels.co.jp/furano-area/summer/

道東

十勝千年の森

清水町羽帯南 10 線　☎ 0156-63-3000
イギリス・ガーデンデザイナーズ協会が選ぶ「SGD 大賞」を受賞。豊かな自然と調和した十勝らしい雄大なスケールの庭。
http://www.tmf.jp/

十勝ヒルズ

幕別町日新 13-5　☎ 0155-56-1111
十勝の丘に広がる「花・食・農」のテーマパーク。野菜とハーブを美しく植栽した「ポタジェ」やローズガーデンなど六つのエリアで構成。伝統的なイギリスの石積み作品も。
http://www.tokachi-hills.jp/

大森カントリーガーデン

広尾町紋別 14 線 73-2　☎ 01558-5-2421
道内を代表する宿根草ナーセリーのガーデン。魅力的な宿根草が数多く使われ、北海道らしいダイナミックさと繊細さを併せ持つ。最盛期には約 900 品種の苗から購入可。
http://omoricountrygarden.com/

植物名索引 学名・和名・英名・流通名

●：一年草　●：花木

―――― ア 行 ――――

[ア]
アイリス ·· 90〜91
アウブリエタ ··· 62
アウブリエタ・クルトルム ···························· 62
　'カスケード・パープル' ······························ 62
アカエナ ··· 48
アカエナ・イネルミス ···································· 48
　'プルプレア' ··· 48
アガスタケ ·· 50
アガスタケ・ルゴサ ······································· 50
　'ゴールデン・ジュビリー' ························· 50
アカバナムシヨケギク ·································· 125
アガパンサス ··· 49
アガパンツス ··· 49
アガパンツス
　'デュイウェンブルッゲ・ホワイト' ············ 49
アガパンツス'ブラック・ブッディスト' ········ 49
アガパンツス'ポーラー・アイス' ················· 49
アガパンツス'ロッテルダム' ······················· 49
アキレア ··· 48
アキレア・ミレフォリウム ····························· 48
　'ヴァイセス・ヴンダー' ···························· 48
　'テラコッタ' ·· 48
アキレギア ·· 58
アクイレギア ··· 58
アクイレギア・アルピナ ································ 58
アクイレギア・ウルガリス ····························· 58
　'アルバ' ··· 58
　'ボルドー・バーロウ' ································ 58
　'ローズ・バーロウ' ·································· 58
アクイレギア・クリサンタ ····························· 58
アクタエア ·· 133
アクタエア・シンプレクス ··························· 133
　'ブルネッテ' ·· 133
アケボノフウロ ··· 83

アゲラティナ ··· 50
アゲラティナ・アルティッシマ ······················ 50
　'チョコレート' ··· 50
アコニツム ·· 132
アコニツム・カルミカエリイ ······················· 132
　'アレンジー' ·· 132
　'クラウディ' ·· 132
アコニツム・ナペルス ································· 132
アコニツム・ラマルキイ ····························· 132
アサギリソウ ··· 59
アサルム ··· 135
アサルム・エウロパエウム ··························· 135
アジサイ ·· ● 186〜187
アジュガ ··· 133
アスクレピアス ·· 60
アスクレピアス・インカルナタ ······················ 60
　'アイスバレエ' ··· 60
アスター ··· 122〜123
アスター・ディワリカツス ··························· 140
アスチルベ ·· 136
アスティルベ ··· 136
アスティルベ・アレンジイ ··························· 136
　'ディアマント' ······································· 136
　'ファナル' ··· 136
アスティルベ・ヤポニカ ····························· 136
　'シスター・テレーズ' ····························· 136
　'ドイチュランド' ··································· 136
アストランティア ··· 61
アストランティア・マヨル ···························· 61
　'アルバ' ··· 61
　'サニングデール・ヴァリエゲイティッド' ·· 61
　'バックランド' ··· 61
　'ルブラ' ··· 61
アズマガヤ ·· 160
アネモネ ··· 56〜57
アネモネ・ウィルギニアナ ···························· 57
アネモネ・コロナリア ··································· 57

230

'セント・ブリジッド・グループ'	57	アリサエマ・ネペントイデス	134
アネモネ・シルウェストリス	57	アリッサム	54
アネモネ・ネモロサ	56	**アリッスム**	54
'フローレ・プレーノ'	56	アリッスム・ヴルフェニアヌム	54
アネモネ・フペヘンシス	57	**アルギランテムム**	● 167
アネモネ・フラッキダ	56	**アルケミラ**	51
アネモネ・ブランダ	56	アルケミラ・アルピナ	51
アブチロン	● 166	アルケミラ・エリスロポダ	51
アブティロン	● 166	アルケミラ・セリカタ	51
アマドコロ	150	'ゴールド・ストライク'	51
アムソニア	55	アルケミラ・モリス	51
アムソニア・イルストリス	55	**アルテミシア**	59
アムソニア・オリエンタリス	55	アルテミシア・スミデュティアナ	59
アムソニア・タベルナエモンタナ	55	アルパインスピードウェル	130
アムソニア・タベルナエモンタナ・サリキフォリア	55	アルパインポピー	102
アムソニア・フブリクティイ	55	**アルム**	60
アメランキエル	● 180	アルム・イタリクム	60
アメリカアジサイ	● 186	**アルメリア**	59
アメリカコバンソウ	157	アルメリア　マリティマ	59
アメリカスミレサイシン	155	'アルバ'	59
アメリカセンノウ	94	**アルンクス**	134〜135
アメリカノリノキ	● 186	アルンクス・アエツシフォリウス	135
アヤメ	90〜91	アルンクス・ディオイクス	135
アユガ	133	アワモリショウマ	136
アユガ・レプタンス	133	**アンクサ**	54
アリウム	52〜53	アンクサ・アズレア	54
アリウム・ウィネアレ	53	'リトル・ジョン'	54
'ヘアー'	53	アンチューサ	54
アリウム・カラタウィエンセ	53	**アンティリヌム**	● 166
'アイボリー・クイーン'	53	**[イ]**	
アリウム・カリナツム・プルケルム	53	イカリソウ	139
アリウム・クリストフィイ	53	**イチビ**	● 166
アリウム・ケルヌウム	52	イチリンソウ	56〜57
アリウム・スコエノプラスム	52	イトススキ	161
アリウム・スティピタツム	53	イトバハルシャギク	69
'マウント・エベレスト'	53	イトラン	131
アリウム・スファエロケファロン	52	イヌゴマ	120
アリウム・セネスケンス	52	イヌサフラン	68
アリウム・ホランディクム	53	イスタデ	104
'パープル・センセーション'	53	イヌハッカ	101
アリサエマ	134	イブキジャコウソウ	127
アリサエマ・セラツム	134	イブキトラノオ	104
		イベリス	90

イベリス・センペルウィレンス	90
'スノー・クッション'	90
イリス	90〜91
イリス・グラキリペス	91
イリス・シビリカ	91
'アルバ'	91
イリス・ドメスティカ	91
イリス・プミラ	91
イリス・レティクラタ	91
イワブクロ	103

[ウ]

ウィオラ	155
ウィオラ・コルヌタ	155
'アルバ'	155
ウィオラ・コレアナ	155
ウィオラ・ソロリア	155
ウィオラ・ラブラドリカ	155
ウィオラ	● 178
ウウラリア	154
ウウラリア・グランディフロラ	154
ウェルベナ	● 177
ウェロニカ	130
ウェロニカ・フルティカンス	130
ウェロニカ・リアリイ	130
ウェロニカストルム	130〜131
ウェロニカストルム・ウィルギニクム	131
ウェロニカストルム・シビリクム	131
ウォールフラワー	● 169
ウシノケグサ	158
ウシノシタグサ	54
ウツギ	● 184
ウブラリア	154
ウラハグサ	159

[エ]

エウパトリウム	79
エウパトリウム・マクラツム	79
'アトロプルプレウム'	79
エウフォルビア	78〜79
エウフォルビア・アミグダロイデス	79
'プルプレア'	79
エウフォルビア・グリッフィティイ	78
'ファイアグロウ'	78
エウフォルビア・デュルキス	79

'カメレオン'	79
エウフォルビア・ポリクロマ	78
エウフォルビア・ミルシニテス	78
エウフォルビア	● 170
エウリビア	140
エウリビア・ディワリカタ	140
エキナケア	74〜75
エキナケア・パラドクサ	75
エキナケア・パリダ	75
エキナケア・プルプレア	74
'インディアン・サマー'	74
'グリーン・ジュエル'	74
'ダブルデッカー'	74
'マグナス'	74
エキナセア	74〜75
エキノプス	75
エキノプス・スファエロケファルス	75
エキノプス・リトロ	75
'ヴィーチズ・ブルー'	75
エゾカワラナデシコ	72
エゾクガイソウ	131
エゾスズシロ	● 169
エゾミソハギ	97
エッショルチア	● 169
エピメディウム	139
エピメディウム・ペラルキクム	139
'フローンライテン'	139
エピメディウム・ヨウンギアヌム	139
'ニヴェウム'	139
'ロゼウム'	139
エピメディウム・ルブルム	139
エランティス	76
エランティス・ヒエマリス	76
エリカ	● 185
エリシムム	● 169
エリンギウム	77
エリンギウム・アガウィフォリウム	77
エリンギウム・アルピヌム	77
エリンギウム・ギガンテウム	77
エリンギウム・プラヌム	77
'ブルー・カップ'	77
エリンジウム	77
エリンジューム	77

エルサレムセージ……………………105
エレムルス 76
エレムルス・ステノフィルス…………76
エンゼルヘアー……………………164
[オ]
オウゴンフウチソウ…………………159
オウシュウサイシン…………………135
オオキセワタ………………………105
オオバナキバナセツブンソウ…………76
オオハンゴンソウ……………………113
オーブリエチア………………………62
オオベンケイソウ……………………89
オオマツユキソウ……………………140
オオムギ…………………………159
オカトラノオ…………………………96
オキナグサ…………………………112
オダマキ……………………………58
オニユリ……………………………95
オリエンタルポピー…………………102
オルラヤ……………………● 172
オルレア……………………● 172
オンファロデス………………………149
オンファロデス・カッパドキア………149
　'スターリー・アイズ'………………149
　'チェリー・イングラム'……………149

――――― **カ 行** ―――――

[カ]
ガーデンハイブリッド…………………141
カウスリップ………………………111
ガウラ 81
ガウラ・リンドヘイメリ………………81
　'サマー・エモーションズ'…………81
カクトラノオ………………………105
カシワバアジサイ……………● 186
カスマンティウム…………………157
カスマンティウム・ラティフォリウム…157
カマッシア 65
カマッシア・クシッキイ………………65
カラマグロスティス………………156
カラマグロスティス・アクティフロラ…156
　'カール・フォースター'……………156

カラマグロスティス・ブラキトリカ……156
カラマツソウ………………124～125
カラミンサ……………………………63
カラミンタ 63
カラミンタ・ネペタ……………………63
カラミント……………………………63
ガランサス………………………140
ガランツス………………………140
ガランツス・エルウェシイ……………140
カリオプテリス………………● 182
カリガネソウ……………………● 182
カリロエ 64
カリロエ・インウォルクラタ…………64
カルーナ………………………● 181
カルタ 64
カルタ・パルストリス…………………64
カルナ…………………………● 181
カレクス…………………………157
カレクス・ペトリエイ…………………157
カレックス…………………………157
カワミドリ……………………………50
カンアオイ…………………………135
カンナ…………………………● 167
カンパニュラ………………………66
カンパヌラ 66
カンパヌラ・プンクタタ………………66
カンパヌラ・ラクティフロラ…………66
　'ロドン・アンナ'……………………66
カンパヌラ・ラティフォリア・マクランタ…66
　'アルバ'……………………………66
[キ]
キオノドクサ…………………………68
キオノドクサ・ルシーリアエ…………68
　'アルバ'……………………………68
キオン…………………………● 176
キキョウ……………………………108
キクイモモドキ………………………86
キケマン……………………………70
ギシギシ……………………………114
キジムシロ…………………………109
キスゲ………………………………87
キツネノテブクロ……………………73
キバナオダマキ………………………58

233

キバナカラマツソウ	124
キビ	162
ギボウシ	143〜145
キャットミント	101
キョウガノコ	80
ギョリュウモドキ	● 181
キランソウ	133
キリンギク	94
ギレニア	84
ギレニア・トリフォリアタ	84
キレンゲショウマ	146
キレンゲショウマ・パルマタ	146
キンウラハグサ	159
キンギョソウ	● 166
キンバイソウ	129
キンランジソ	● 168

[ク]

クガイソウ	130〜131
クサキョウチクトウ	107
クサシモツケ	80
クナウティア	92
クナウティア・アルウェンシス	92
クニフォフィア	93
クニフォフィア'シャイニング・セプター'	93
クニフォフィア'パーシーズ・プライド'	93
クニフォフィア'フラメンゴ'	93
クニフォフィア'リトル・メイド'	93
クマツヅラ	● 177
クリーピングタイム	127
クリサンセマム・コッキネウム	125
クリスマスローズ	141
クリンソウ	110
クレオメ	● 168
クレマチス	● 182
クレマティス	● 182
クロクス	71
クロクス・ウェルヌス	71
クロコスミア	70
クロコスミア'エンバーグロウ'	70
クロッカス	71
クロバナフウロ	82
クワガタソウ	130

[ケ]

ケイランサス	● 169
ゲウム	84
ゲウム'ボリシイ'	84
ケープフクシア	● 174
ケシ	102
ケマンソウ	146
ゲラニウム	82〜83
ゲラニウム・エンドレッシイ	83
ゲラニウム'オリオン'	83
ゲラニウム・サングイネウム	83
'アルブム'	83
ゲラニウム・サングイネウム・ストリアツム	83
ゲラニウム・ファエウム	82
'アルブム'	82
'ラベンダー・ピンホイール'	82
ゲラニウム・ファエウム・ファエウム'サモボル'	82
ゲラニウム・プラテンセ	82
'スプリッシュ・スプラッシュ'	82
'ミセス・ケンダル・クラーク'	82
ゲラニウム・マクロッリズム	83
ゲラニウム・レナルディイ	83
ケロネ	67
ケロネ・オブリクア	67
原種系チューリップ	129
ケンタウレア	65
ケンタウレア・モンタナ	65
'アルバ'	65
ケントランツス	67
ケントランツス・ルベル	67
'アルブス'	67

[コ]

コアヤメ	91
コーカサスマツムシソウ	117
コーンフラワー	74〜75
コーンフラワー	113
コティヌス	● 183
コトネアスター	● 184
コトネアステル	● 184
コノクリニウム	69
コノクリニウム・コエレスティヌム	69

'コリ' ……………………………………… 69
コマクサ …………………………………… 138
コメガヤ …………………………………… 160
コメススキ ………………………………… 158
コモンタイム ……………………………… 127
コリウス ……………………………… ● 168
コリダリス ………………………………… 70
コリダリス・ソリダ ……………………… 70
　'ジョージ・P. ベイカー' ……………… 70
コルキクム ………………………………… 68
コルキクム'ウオーターリリー' ……… 68
コルチカム ………………………………… 68
コルヌス …………………………… ● 183
コレウス …………………………… ● 168
コレオプシス ……………………………… 69
コレオプシス・ウェルティキラタ ……… 69
　'ムーンビーム' ………………………… 69

サ 行

[サ]
ザイフリボク ………………………… ● 180
サクシセラ ………………………………… 121
サクラソウ ………………………… 110〜111
サビタ ………………………………… ● 187
サルウィア ……………………………… 115
サルウィア・ネモロサ …………………… 115
　'アメジスト' …………………………… 115
　'カラドンナ' …………………………… 115
サルウィア・プラテンシス ……………… 115
　'スワン・レイク' ……………………… 115
　'ローズ・ラプソディ' ………………… 115
サルウィア ………………………… ● 175
サルビア …………………………………… 115
サルビア ……………………………… ● 175
サングイソルバ ………………………… 116
サングイソルバ・オッフィキナリス …… 116
　'ピンク・タンナ' ……………………… 116
サングイソルバ・オブツサ ……………… 116
サングイソルバ・テヌイフォリア ……… 116
　'アルバ' ………………………………… 116
サングイソルバ'ピンク・ブラッシーズ' …116
サングイナリア ………………………… 153

サングイナリア・カナデンシス ………… 153
　'フロレ・プレノ' ……………………… 153
サンフラワー ……………………………… 86
サンローズ ………………………………… 85
[シ]
ジギタリス ………………………………… 73
シキンカラマツ …………………………… 125
シクラメン ……………………………… 138
シクラメン・コウム ……………………… 138
シクラメン・ヘデリフォリウム ………… 138
シダルケア …………………………118〜119
シダルケア・カンディダ ………………… 118
シダルケア'ミスター・リンドバーグ' …119
シダルケア'ロサリー' ………………… 119
ジニア ………………………………… ● 178
シモツケ ……………………………… ● 190
シモツケソウ ……………………………… 80
シャグマユリ ……………………………… 93
ジャコウアオイ …………………………… 99
ジャコウソウモドキ ……………………… 67
シュウメイギク …………………………… 57
ジューンベリー ……………………… ● 180
宿根イベリス ……………………………… 90
シラー ……………………………………… 118
シラー・シベリカ ………………………… 118
シレネ …………………………………… 119
シレネ・ウニフロラ ……………………… 119
　'コンパクタ' …………………………… 119
シレネ・ディオイカ ……………………… 119
ジンニア ………………………………… 178
シンフィオトリクム ………………122〜123
シンフィオトリクム・ツルビネルム …… 122
シンフィオトリクム・デュモスム ……… 122
　'レディ・イン・ブルー' ……………… 122
シンフィオトリクム・
ノワエ - アングリアエ …………………… 123
　'ヘルブストクネエ' …………………… 123
シンフィオトリクム・ラテリフロルム … 122
　'プリンス' ……………………………… 122
シンフィオトリクム・ラテリフロルム・
ホリゾンタリス …………………………… 122
シンフィオトリクム'リトル・カーロウ' …123
シンフィツム …………………………… 123

シンフィツム・グランディフロルム ……123
　'ゴールド・スミス' ……………………123
[ス]
スイートアリッサム ………………● 170
スイカズラ ……………………………● 188
スイセン …………………………………100
スカビオサ ……………………………117
スカビオサ・カウカシカ ………………117
　'パーフェクタ・アルバ' ………………117
スカビオサ・コルンバリア ……………117
スカビオサ …………………………● 176
スキゾスティリス ………………………87
スキゾスティリス・コッキネア ………87
　'フェンランド　デイブレイク' ………87
スキラ …………………………………118
スキラ・シベリカ ………………………118
スゲ ………………………………………157
スジギボウシ ……………………………143
ススキ ……………………………………161
スタキス ………………………………120
スタキス・ビザンティナ ………………120
スタキス・モニエリ ……………………120
スタキス・レクタ ………………………120
スッキセラ ……………………………121
スッキセラ・インフレクサ ……………121
スティパ ………………………………164
スティパ・ギガンテア …………………164
スティパ・テヌイッシマ ………………164
ストケシア ……………………………121
ストケシア・ラエウィス ………………121
　'ホワイト・スター' ……………………121
スナップドラゴン ………………………● 166
スノードロップ …………………………140
スパニッシュブルーベル ………………88
スピラエア …………………………● 190
スポロボルス …………………………163
スポロボルス・ヘテロレピス …………163
スミレ ……………………………………155
スミレ ………………………………● 178
スモークツリー …………………………● 183
[セ]
セイヨウアサツキ ………………………52
セイヨウイトバマツムシソウ …………117

セイヨウオダマキ ………………………58
セイヨウキンバイ ………………………129
セイヨウナツユキソウ …………………80
セイヨウノコギリソウ …………………48
セイヨウフウチョウソウ ……………● 168
セダム ……………………………88～89
セダム・スペクタビレ …………………89
　'スターダスト' …………………………89
　'ブリリアント' …………………………89
セダム・テレフィウム …………………89
　'パープル・エンペラー' ………………89
　'マトロナ' ………………………………89
セツブンソウ ……………………………76
ゼニアオイ ………………………………99
セネキオ ……………………………● 176
セネシオ ………………………………● 176
センダイハギ ……………………………126
センテッドゼラニウム …………………● 173
セントーレア ……………………………65
センニンソウ ……………………………● 182
センノウ …………………………………94

―――――― **タ 行** ――――――

[タ]
タートルヘッド …………………………67
ダイアンサス ……………………………72
ダイオウ …………………………………112
ダイコンソウ ……………………………84
タイツリソウ ……………………………146
タイム ……………………………………127
タカノハススキ …………………………161
タゲテス ……………………………● 177
タケニグサ ………………………………97
タチジャコウソウ ………………………127
ダッチクロッカス ………………………71
タナケツム ……………………………125
タナケツム・コッキネウム ……………125
　'デュロー' ………………………………125
　'ロビンソン・ピンク' …………………125
タバコ …………………………………● 172
タリクトルム ………………………124～125
タリクトルム・アクイレギフォリウム ……125

'アルブム'	125
タリクトルム 'エリン'	124
タリクトルム・デラワイ	124
'アルブム'	124
'ヒューイッツ・ダブル'	124
タリクトルム・フラウム	124
タリクトルム・ロケブルニアヌム	125
ダルメラ	71
ダルメラ・ペルタタ	71
ダンゴギク	85
ダンドク	● 167

[チ]

チオノドクサ	68
チカラシバ	163
チカラシバ	● 173
チダケサシ	136
チャイブ	52
チューリップ	128〜129
チョウジソウ	55

[ツ]

ツボサンゴ	142
ツリガネズイセン	88
ツリパ	128〜129
ツリパ・ウルミエンシス	129
ツリパ（園芸品種）	128
ツリパ 'クィーン・オブ・ナイト'	128
ツリパ 'グリーン・スター'	128
ツリパ（原種系）	129
ツリパ・ツルケスタニカ	129
ツリパ 'バレリーナ'	128
ツリパ 'プリンセス・イレーネ'	128
ツルボ	118

[テ]

ディアンツス	72
ディアンツス・クナッピイ	72
ディアンツス・スペルプス・スペルプス	72
ディアンツス・デルトイデス	72
'アルブス'	72
'ロゼウス'	72
ディギタリス	73
ディギタリス・ラエウィガタ	73
ディケントラ	138
ディケントラ・エクシミア	138

ティムス	127
ティムス・ウルガリス	127
'シルバー・ポージー'	127
ティムス・セルピルム	127
ティムス・プラエコクス	127
デイリリー	87
デウツィア	● 184
デザートキャンドル	76
デスカンプシア	158
デスカンプシア・ケスピトサ	158
'ゴールドタウ'	158
テマリシモツケ	● 189
テルモプシス	126
テルモプシス・カロリニアナ	126
テンジクアオイ	● 173
テンナンショウ	134

[ト]

トウゴマ	● 175
トウダイグサ	78〜79
トウダイグサ	● 170
銅葉フジバカマ	50
トウワタ	60
トキワナズナ	90
トラデスカンティア	126
トラデスカンティア・アンデルソニアナ	126
トリカブト	132
トリキルティス	154
トリキルティス・ヒルタ	154
'ミヤザキ'	154
トリトマ	93
ドロニクム	73
ドロニクム・オリエンタレ	73
'マグニフィクム'	73
トロリウス	129
トロリウス・エウロパエウス	129
トロリウス・クルトルム	129
'チェダー'	129

―― **ナ 行** ――

[ナ]

ナデシコ	72
ナルキッスス	100

ナルキッスス・シクラミネウス ……………100
　　'テータテート' …………………………100
ナルキッスス・トリアンデュルス …………100
　　'タリア' …………………………………100
ナルキッスス 'トリパタイト' ………………100
ナルキッスス 'ピンク・チャーム' …………100
ナンキンアヤメ ………………………………91

[ニ]
ニオイアラセイトウ ……………………●169
ニオイゼラニウム ………………………●173
ニコチアナ ………………………………●172
ニコティアナ …………………………●172
ニューイングランドアスター ………………123
ニュージーランドバー …………………………48
ニリンソウ ………………………………………56
ニワナズナ ………………………………●170

[ヌ]
ヌマガヤ ………………………………………162

[ネ]
ネギ ……………………………………52 〜 53
ネズミノオ ……………………………………163
ネバリノギク …………………………………123
ネペタ ………………………………………101
ネペタ・スブセッシリス ……………………101
　　'ウォッシュフィールド' ………………101
　　'ピンク・ドリームス' …………………101
ネペタ・ネルウォサ …………………………101
　　'ピンク・キャット' ……………………101
ネペタ・ファッセニイ ………………………101
ネメシア ………………………………●171

[ノ]
ノガリヤス ……………………………………156
ノコギリソウ …………………………………48
ノハラフウロ …………………………………82
ノリウツギ ………………………………●187
ノリノキ …………………………………●187

———————— ハ 行 ————————

[ハ]
バーベナ …………………………………●177
バイカイチゲ …………………………………57
バイカウツギ ……………………………●188

ハイドランジア …………………●186 〜 187
バイモ ……………………………………………81
パエオニア …………………………………149
パエオニア 'バックアイ・ベル' …………149
ハクチョウソウ …………………………………81
ハグマノキ ………………………………●183
ハコネクロア ………………………………159
ハコネクロア・マクラ ………………………159
ハコネクロア・マクラ・アウレオラ ………159
ハゴロモグサ ……………………………………51
ハナカンナ ………………………………●167
ハナシノブ ……………………………108 〜 109
ハナトリカブト ………………………………132
ハナビシソウ ……………………………●169
ハニーサックル …………………………●188
パニクム ……………………………………162
パニクム・ウィルガツム ……………………162
　　'レーブラウン' ………………………162
　　'ロートラールブッシュ' ……………162
ハネガヤ ………………………………………164
パパウェル …………………………………102
パパウェル・アルピヌム・ハイブリッズ …102
パパウェル・オリエンタレ …………………102
　　'ビューティー・オブ・リヴァメール' …102
　　'ペリーズ・ホワイト' ………………102
バプティシア ………………………………62
バプティシア・アウストラリス ………………62
ハマベンケイソウ ……………………………148
バラ ………………………………………●189
パラヘーベ・ライアリイ ……………………130
ハルシャギク ……………………………………69
パンジー …………………………………●178
ハンニチバナ ……………………………………85

[ヒ]
ヒアキントイデス …………………………88
ヒアキントイデス・ヒスパニカ ………………88
ヒース ……………………………………●185
ヒオウギ ………………………………………91
ピオニー ………………………………………149
ビオラ …………………………………………155
ビオラ ……………………………………●178
ヒゴタイ ………………………………………75
ヒストリクス ………………………………160

ヒストリクス・パツラ	160	フェスツカ・グラウカ	158
ヒデュランゲア	● 186 ～ 187	フォーゲットミーノット	● 171
ヒデュランゲア・アルボレスケンス	● 186	フォックスグローブ	73
ヒデュランゲア・クエルキフォリア	● 186	フォックステイルリリー	76
ヒデュランゲア・パニクラタ	● 187	フクシア	● 185
ヒマ	● 175	フクシャ	● 185
ヒマラヤユキノシタ	63	フジウツギ	● 181
ヒマワリ	86	ブッデュレヤ	● 181
ヒメイカリソウ	139	ブッドレア	● 181
ヒメシャガ	91	プラティコドン	108
ヒメナデシコ	72	プラティコドン・グランディフロルス	108
ヒャクニチソウ	● 178	'ハコネ・ホワイト'	108
ヒューケラ	142	フリチラリア	81
ヒヨドリバナ	79	フリティラリア	81
ピレスルム・コッキネウム	125	フリティラリア・メレアグリス	81
ヒレハリソウ	123	'アルバ'	81
ヒロテレフィウム	88 ～ 89	プリムラ	110 ～ 111
ヒロテレフィウム・スペクタビレ	89	プリムラ・アウランティアカ	111
'スターダスト'	89	プリムラ・アウリクラ・バウヒニイ	111
'ブリリアント'	89	プリムラ・ウィアリイ	111
ヒロテレフィウム・テレフィウム	89	プリムラ・ウェリス	111
'パープル・エンペラー'	89	'ケイティ・マクスパロン'	111
'マトロナ'	89	プリムラ・エラティオル	110
[フ]		'ゴールド・レース'	110
フィゲリウス	● 174	'シルバー・レース・ブラック'	110
フィソカルプス	● 189	プリムラ・デンティクラタ	111
フィソステギア	105	プリムラ・デンティクラタ・アルバ	111
フィソステギア・ウィルギニアナ	105	プリムラ・ヤポニカ	110
'アルバ'	105	'アップルブロッサム'	110
'ロゼア'	105	ブルーフェスキュー	158
フィラデルフス	● 188	ブルーベル	88
斑入りアマドコロ	150	プルサティラ	112
フィリペンデュラ	80	プルサティラ・ウルガリス	112
フィリペンデュラ・ウルガリス	80	'ローテ・グロッケ'	112
フィリペンデュラ・ウルマリア	80	ブルネラ	137
'フロレ・プレノ'	80	ブルネラ・マクロフィラ	137
フィリペンデュラ・プルプレア	80	'ジャック・フロスト'	137
'エレガンス'	80	'ドーソンズ・ホワイト'	137
フィリペンデュラ・ムルティユガ	80	'ベティ・ボウリング'	137
フウチソウ	159	プルモナリア	151
フウロソウ	82 ～ 83	プルモナリア・オッフィキナリス	151
フェスキュー	158	'シッシングハースト・ホワイト'	151
フェスツカ	158	プルモナリア・サッカラタ	151

'ミセス・ムーン'	151	ヘリアンテムム・アペンニヌム	85
プルモナリア 'サムライ'	151	ヘリオプシス	86
プルモナリア 'ブルー・エンサイン'	151	ヘリオプシス・ヘリアントイデス	86
ブルンネラ	137	ヘリオプシス・ヘリアントイデス・スカブラ	
プレーリードロップシード	163	'サマー・ナイツ'	86
フロクス	106〜107	'ゾンマーゾネ'	86
フロクス・カロリナ	106	ベルガモット	98〜99
'ビル・ベーカー'	106	ベルゲニア	63
フロクス・ディワリカタ	106	ベルゲニア 'ベイビー・ドール'	63
'クラウズ・オブ・パフューム'	106	ペルシカリア	104
'ホワイト・パフューム'	106	ペルシカリア・アンプレクシカウリス	104
フロクス・パニクラタ	107	'ファイアーテイル'	104
'ウィンザー'	107	'ブラックフィールド'	104
'ブルー・パラダイス'	107	ペルシカリア・ビストルタ	104
'ブルー・ボーイ'	107	'スパーバ'	104
'ホワイト・アドミラル'	107	ペルシカリア・ポリモルファ	104
'ミス・ペッパー'	107	ベルベリス	●180
'ローラ'	107	ヘレニウム	85
フロクス・マクラタ	106	ヘレニウム・アウツムナレ	85
'ナターシャ'	106	'ヘレナ・ゴールド'	85
フロックス	106〜107	'ヘレナ・ロート・トーン'	85
フロミス	105	ヘレボルス	141
フロミス・フルティコサ	105	ヘレボルス・オリエンタリス	141
[ヘ]		ヘレボルス・ニゲル	141
ヘウケラ	142	ヘレボルス・ヒブリデュス	141
ヘウケラ・ウィロサ	142	'アッシュウッド・ムーンライト'	141
'パレス・パープル'	142	'ホワイト・レディ'	141
ヘウケラ・ウィロサ・マクロリザ	142	ペンステモン	103
ヘウケラ 'オブシディアン'	142	ペンステモン・ディギタリス	103
ヘウケラ 'ピーチ・フランベ'	142	'ダーク・タワーズ'	103
ヘザー	●181	'ハスカー・レッド'	103
ヘスペランタ	87	ペンステモン・ヒルスツス	103
ヘスペランタ・コッキネア	87	ペンステモン・ヒルスツス・	
'フェンランド・デイブレイク'	87	ピグマエウス	103
ペチュニア	●174	ペンニセツム	163
ペツニア	●174	ペンニセツム・アロペクロイデス	163
ベニカノコソウ	67	ペンニセツム・アロペクロイデス・	
ヘメロカリス	87	ウィリデスケンス	163
ヘメロカリス 'ファイナル・タッチ'	87	ペンニセツム	●173
ペラルゴニウム	●173	**[ホ]**	
ヘリアンサス	86	ホイヘラ	142
ヘリアンサス 'レモン・クイーン'	86	ホクシャ	●185
ヘリアンテムム	85	ホスタ	143〜145

ホスタ・ウンデュラタ	143
ホスタ・ウンデュラタ・アルボマルギナタ	143
ホスタ・ウンデュラタ・ウニウィタタ	143
ホスタ'クロッサ・リーガル'	144
ホスタ'ゴールデン・ティアラ'	145
ホスタ'サム・アンド・サブスタンス'	144
ホスタ'ストリプテーゼ'	144
ホスタ'デヴォン・グリーン'	145
ホスタ'ナイト・ビフォア・クリスマス'	145
ホスタ'パトリオット'	145
ホスタ'ハルシオン'	144
ホスタ・プランタギネア	143
ホスタ'ブルー・エンジェル'	145
ホスタ'ブルー・カデット'	144
ホスタ'ホワイト・トライアンファター'	145
ホスタ'ホワイト・フェザー'	144
ホスタ'リーガル・スプレンダー'	143
ホソノゲムギ	159
ホタルブクロ	66
ボタン	149
ボタンイチゲ	57
ポテンティラ	109
ポテンティラ・ツルベリ	109
'モナークス・ベルベット'	109
ポテンティラ・トングエイ	109
ホトトギス	154
ポドフィルム	150
ポドフィルム・ペルタツム	150
ポピー	102
ポピーマロウ	64
ポリゴナツム	150
ポリゴナツム・オドラツム・プルリフロルム	150
'ヴァリエガツム'	150
ホルデウム	159
ホルデウム・ユバツム	159
ポレモニウム	108～109
ポレモニウム・エゾエンセ	109
'パープル・レイン・ストレイン'	109
ポレモニウム・カエルレウム	108
ポレモニウム・カエルレウム・アルブム	108
ポレモニウム・レプタンス	109
'ステアウェイ・トゥ・ヘヴン'	109
ホワイトウッドアスター	140
ホワイトレースフラワー	● 172

―― マ 行 ――

[マ]

マーガレット	● 167
マガリバナ	90
マクレアヤ	97
マクレアヤ・ミクロカルパ	97
'ケルウェイズ・コーラル・プリューム'	97
マツムシソウ	117
マツムシソウ	● 176
マツユキソウ	140
マドンナリリー	95
マムシグサ	134
マリーゴールド	● 177
マルウァ	99
マルウァ・モスカタ	99
マルウァ・モスカタ・アルバ	99
マルウァ・モスカタ'ロゼア'	99
マルタゴンリリー	95
マルバダケブキ	147
マルバタマノカンザシ	143
マルバハルシャギク	85
マルバフジバカマ	50
マンジュギク	● 177
マンテマ	119

[ミ]

ミオソティス	● 171
ミスカンツス	161
ミスカンツス・シネンシス	161
'グラキリムス'	161
'グラツィエッラ'	161
'ゼブリヌス'	161
'モーニング・ライト'	161
ミズキ	● 183
ミソガワソウ	101
ミソハギ	97
ミツバシモツケ	84
ミニアイリス	91
ミヤオソウ	150

241

[ム]
- ムスクマロウ ……………………………………… 99
- ムラサキセンダイハギ …………………………… 62
- ムラサキツユクサ ………………………………… 126
- ムラサキナズナ …………………………………… 62
- ムラサキバレンギク ……………………………… 74〜75
- ムラサキベンケイソウ …………………………… 88〜89

[メ]
- メイアップル ……………………………………… 150
- メギ ……………………………………………… ● 180
- メキシカンフェザーグラス ……………………… 164
- **メコノプシス** ……………………………………… 148
- メコノプシス・グランディス …………………… 148
- メタカラコウ ……………………………………… 147
- メドウスウィート ………………………………… 80
- **メリカ** ……………………………………………… 160
- メリカ・キリアタ ………………………………… 160
- **メルテンシア** …………………………………… 148
- メルテンシア・ウィルギニカ …………………… 148

[モ]
- モクシュンギク …………………………………… ● 167
- モックオレンジ ………………………………… ● 184、188
- **モナルダ** ………………………………………… 98〜99
- モナルダ'シュネービッチェン' ………………… 98
- モナルダ'パノラマ・レッド・シェーズ' ……… 99
- モナルダ'ピンク・レース' ……………………… 98
- モナルダ'ブラウシュトルンプフ' ……………… 99
- モナルダ'プレリエナハト' ……………………… 98
- モナルダ'マホガニー' …………………………… 98
- **モリニア** ………………………………………… 162
- モリニア・カエルレア …………………………… 162
- 'ムーアヘクセ' …………………………………… 162
- モントブレチア …………………………………… 70

ヤ 行

[ヤ]
- ヤグルマギク ……………………………………… 65
- ヤグルマソウ ……………………………………… 152
- ヤグルマハッカ …………………………………… 98〜99
- ヤナギバチョウジソウ …………………………… 55
- ヤブイチゲ ………………………………………… 56
- ヤマブキショウマ ………………………………… 134〜135
- ヤマモモソウ ……………………………………… 81
- ヤロウ ……………………………………………… 48

[ユ]
- ユーパトリウム …………………………………… 79
- ユーパトリウム・コエレスティヌム …………… 69
- ユーパトリウム・ルゴスム ……………………… 50
- ユーフォルビア …………………………………… 78〜79
- ユーフォルビア ………………………………… ● 170
- ユキゲユリ ………………………………………… 68
- ユキノシタ ………………………………………… 63
- **ユッカ** …………………………………………… 131
- ユッカ・フィラメントサ ………………………… 131
- ユリ ………………………………………………… 95
- ユリアザミ ………………………………………… 94

[ヨ]
- ヨウシュオキナグサ ……………………………… 112
- ヨウシュコナスビ ………………………………… 96
- ヨウシュシモツケ ………………………………… 80
- ヨウシュトリカブト ……………………………… 132
- ヨモギ ……………………………………………… 59
- ヨモギギク ………………………………………… 125

ラ 行

[ラ]
- **ラティルス** ……………………………………… 92
- ラティルス・ウェルヌス ………………………… 92
- 'レインボー' ……………………………………… 92
- 'ローゼンエルフェ' ……………………………… 92
- ラムズイヤー ……………………………………… 120
- **ランプロカプノス** ……………………………… 146
- ランプロカプノス・スペクタビリス …………… 146
- 'アルバ' …………………………………………… 146

[リ]
- **リアトリス** ……………………………………… 94
- リアトリス・スピカタ …………………………… 94
- リオン ……………………………………………… 67
- **リキヌス** ……………………………………… ● 175
- **リクニス** ………………………………………… 94
- リクニス・カルケドニカ ………………………… 94
- 'レッド・クロス' ………………………………… 94
- **リグラリア** ……………………………………… 147
- リグラリア'グレギイノグ・ゴールド' ………… 147

リグラリア・ステノケファラ	147
'ザ・ロケット'	147
リグラリア・デンタタ	147
'デズデモーナ'	147
リグラリア・プルゼワルスキイ	147
リシマキア	96
リシマキア・キリアタ	96
'ファイアークラッカー'	96
リシマキア・ヌンムラリア	96
リシマキア・プンクタタ	96
リスのしっぽ	159
リスルム	97
リスルム・サリカリア	97
'ブラッシュ'	97
リュウキンカ	64
リリウム	95
リリウム・カナデンセ	95
リリウム・カンディデュム	95
リリウム・マルタゴン	95
リリウム・ランキフォリウム	95
[ル]	
ルイヨウショウマ	133
ルイラソウ	114
ルエリア	114
ルエリア・フミリス	114
ルドベッキア	113
ルドベッキア・オッキデンタリス	113
'グリーン・ウィザード'	113
ルドベッキア・フルギダ・スリワンティイ	113
'ゴールドストラム'	113
ルメクス	114
ルメクス・フレクスオスス	114
ルメックス	114
ルリギク	121
ルリソウ	149
ルリタマアザミ	75
[レ]	
レウム	112
レウム・パルマツム	112
'アトロサングイネウム'	112
レッドキャンピオン	119
レッドバレリアン	67
レディースマントル	51

レンテンローズ	141
レンリソウ	92
[ロ]	
ロクベンシモツケ	80
ロサ	● 189
ロジャーシア	152
ロスコエア	152〜153
ロスコエア・プルプレア	153
ロスコエア・ベエシアナ	153
ロッククローズ	85
ロドゲルシア	152
ロドゲルシア・アエスクリフォリア・ヘンリキ	152
ロドゲルシア・ポドフィラ	152
ロニケラ	● 188
ロブラリア	● 170

ワ 行

[ワ]

ワイルドオーツ	157
ワイルドペチュニア	114
ワインカップ	64
ワスレグサ	87
ワスレナグサ	● 171
ワタチョロギ	120
ワレモコウ	116

索引

243

植物名索引 学名（アルファベット）

●：一年草　●：花木

[A]

Abutilon	● 166
Acaena	48
Acaena inermis	48
Acaena inermis 'Purpurea'	48
Achillea	48
Achillea millefolium	48
Achillea millefolium 'Terracotta'	48
Achillea millefolium 'Weisses Wunder'	48
Aconitum	132
Aconitum carmichaelii	132
Aconitum carmichaelii 'Arendsii'	132
Aconitum carmichaelii 'Cloudy'	132
Aconitum lamarckii	132
Aconitum napellus	132
Actaea	133
Actaea simplex	133
Actaea simplex 'Brunette'	133
Agapanthus	49
Agapanthus 'Black Buddhist'	49
Agapanthus 'Duivenbrugge White'	49
Agapanthus 'Polar Ice'	49
Agapanthus 'Rotterdam'	49
Agastache	50
Agastache rugosa	50
Agastache rugosa 'Golden Jubilee'	50
Ageratina	50
Ageratina altissima	50
Ageratina altissima 'Chocolate'	50
Ajuga	133
Ajuga reptans	133
Alchemilla	51
Alchemilla alpina	51
Alchemilla erythropoda	51
Alchemilla mollis	51
Alchemilla sericata	51
Alchemilla sericata 'Gold Strike'	51
Allium	52〜53
Allium carinatum subsp. *pulchellum*	53
Allium cernuum	52
Allium cristophii	53
Allium hollandicum	53
Allium hollandicum 'Purple Sensation'	53
Allium karataviense	53
Allium karataviense 'Ivory Queen'	53
Allium schoenoprasum	52
Allium senescens	52
Allium sphaerocephalon	52
Allium stipitatum	53
Allium stipitatum 'Mount Everest'	53
Allium vineale	53
Allium vineale 'Hair'	53
Alyssum	54
Alyssum wulfenianum	54
Amelanchier	● 180
Amsonia	55
Amsonia hubrichtii	55
Amsonia illustris	55
Amsonia orientalis	55
Amsonia tabernaemontana	55
Amsonia tabernaemontana var. *salicifolia*	55
Anchusa	54
Anchusa azurea	54
Anchusa azurea 'Little John'	54
Anemone	56〜57
Anemone blanda	56
Anemone coronaria	57
Anemone coronaria St. Bridgid Group	57
Anemone flaccida	56
Anemone hupehensis	57

Anemone nemorosa	56	*Astrantia major*	61
Anemone nemorosa 'Flore Pleno'	56	*Astrantia major* 'Alba'	61
Anemone sylvestris	57	*Astrantia major* 'Buckland'	61
Anemone virginiana	57	*Astrantia major* 'Rubra'	61
Antirrhinum	● 166	*Astrantia major* 'Sunningdale Variegated'	61
Aquilegia	58	**Aubrieta**	62
Aquilegia alpina	58	*Aubrieta × cultorum*	62
Aquilegia chrysantha	58	*Aubrieta × cultorum* 'Cascade Purple'	62
Aquilegia vulgaris	58		
Aquilegia vulgaris 'Alba'	58	**[B]**	
Aquilegia vulgaris 'Bordeaux Barlow'	58	**Baptisia**	62
Aquilegia vulgaris 'Rose Barlow'	58	*Baptisia australis*	62
Argyranthemum	● 167	**Berberis**	● 180
Arisaema	134	**Bergenia**	63
Arisaema nepenthoides	134	*Bergenia* 'Baby Doll'	63
Arisaema serratum	134	**Brunnera**	137
Armeria	59	*Brunnera macrophylla*	137
Armeria maritima	59	*Brunnera macrophylla* 'Betty Bowring'	137
Armeria maritima 'Alba'	59	*Brunnera macrophylla* 'Dawson's White'	137
Artemisia	59	*Brunnera macrophylla* 'Jack Frost'	137
Artemisia schmidtiana	59	**Buddleja**	● 181
Arum	60		
Arum italicum	60	**[C]**	
Aruncus	134〜135	**Calamagrostis**	156
Aruncus aethusifolius	135	*Calamagrostis × acutiflora*	156
Aruncus dioicus	135	*Calamagrostis × acutiflora* 'Karl Foerster'	156
Asarum	135	*Calamagrostis brachytricha*	156
Asarum europaeum	135	**Calamintha**	63
Asclepias	60	*Calamintha nepeta*	63
Asclepias incarnata	60	**Callirhoe**	64
Asclepias incarnata 'Iceballet'	60	*Callirhoe involucrata*	64
Aster divaricatus	140	**Calluna**	● 181
Astilbe	136	**Caltha**	64
Astilbe × arendsii	136	*Caltha palustris*	64
Astilbe × arendsii 'Diamant'	136	**Camassia**	65
Astilbe × arendsii 'Fanal'	136	*Camassia cusickii*	65
Astilbe japonica	136	**Campanula**	66
Astilbe japonica 'Deutschland'	136	*Campanula lactiflora*	66
Astilbe japonica 'Sister Therese'	136		
Astrantia	61		

245

Campanula lactiflora 'Loddon Anna' — 66
Campanula latifolia var. *macrantha* — 66
Campanula latifolia var. *macrantha* 'Alba' — 66
Campanula punctata — 66
Canna ● 167
Carex 157
Carex petriei 157
Caryopteris ● 182
Centaurea 65
Centaurea montana 65
Centaurea montana 'Alba' 65
Centranthus 67
Centranthus ruber 67
Centranthus ruber 'Albus' 67
Chasmanthium 157
Chasmanthium latifolium 157
Chelone 67
Chelone obliqua 67
Chionodoxa 68
Chionodoxa luciliae 68
Chionodoxa luciliae 'Alba' 68
Clematis ● 182
Cleome ● 168
Colchicum 68
Colchicum 'Waterlily' 68
Coleus ● 168
Conoclinium 69
Conoclinium coelestinum 69
Conoclinium coelestinum 'Cori' 69
Coreopsis 69
Coreopsis verticillata 69
Coreopsis verticillata 'Moonbeam' 69
Cornus ● 183
Corydalis 70
Corydalis solida 70
Corydalis solida 'George P. Baker' 70
Cotinus ● 183
Cotoneaster ● 184
Crocosmia 70

Crocosmia 'Emberglow' 70
Crocus 71
Crocus vernus 71
Cyclamen 138
Cyclamen coum 138
Cyclamen hederifolium 138

[D]
Darmera 71
Darmera peltata 71
Deschampsia 158
Deschampsia cespitosa 158
Deschampsia cespitosa 'Goldtau' 158
Deutzia ● 184
Dianthus 72
Dianthus deltoides 72
Dianthus deltoides 'Albus' 72
Dianthus deltoides 'Roseus' 72
Dianthus knappii 72
Dianthus superbus var. *superbus* 72
Dicentra 138
Dicentra eximia 138
Digitalis 73
Digitalis laevigata 73
Doronicum 73
Doronicum orientale 73
Doronicum orientale 'Magnificum' 73

[E]
Echinacea 74～75
Echinacea pallida 75
Echinacea paradoxa 75
Echinacea purpurea 74
Echinacea purpurea 'Doubledecker' 74
Echinacea purpurea 'Green Jewel' 74
Echinacea purpurea 'Indian Summer' 74
Echinacea purpurea 'Magnus' 74
Echinops 75
Echinops ritro 75
Echinops ritro 'Veitch's Blue' 75

Echinops sphaerocephalus	75
Epimedium	139
Epimedium × perralchicum	139
Epimedium × perralchicum 'Fröhnleiten'	139
Epimedium × rubrum	139
Epimedium × youngianum	139
Epimedium × youngianum 'Niveum'	139
Epimedium × youngianum 'Roseum'	139
Eranthis	76
Eranthis hyemalis	76
Eremurus	76
Eremurus stenophyllus	76
Erica	● 185
Eryngium	77
Eryngium agavifolium	77
Eryngium alpinum	77
Eryngium giganteum	77
Eryngium planum	77
Eryngium planum 'Blue Cup'	77
Erysimum	● 169
Eschscholzia	● 169
Eupatorium	79
Eupatorium maculatum	79
Eupatorium maculatum 'Atropurpureum'	79
Euphorbia	78 ~ 79
Euphorbia amygdaloides	79
Euphorbia amygdaloides 'Purpurea'	79
Euphorbia dulcis	79
Euphorbia dulcis 'Chameleon'	79
Euphorbia griffithii	78
Euphorbia griffithii 'Fireglow'	78
Euphorbia myrsinites	78
Euphorbia polychroma	78
Euphorbia	● 170
Eurybia	140
Eurybia divaricata	140

[F]

Festuca	158
Festuca glauca	158
Filipendula	80
Filipendula multijuga	80
Filipendula purpurea	80
Filipendula purpurea 'Elegans'	80
Filipendula ulmaria	80
Filipendula ulmaria 'Flore Pleno'	80
Filipendula vulgaris	80
Fritillaria	81
Fritillaria meleagris	81
Fritillaria meleagris 'Alba'	81
Fuchsia	● 185

[G]

Galanthus	140
Galanthus elwesii	140
Gaura	81
Gaura lindheimeri	81
Gaura lindheimeri 'Summer Emotions'	81
Geranium	82 ~ 83
Geranium endressii	83
Geranium macrorrhizum	83
Geranium 'Orion'	83
Geranium phaeum	82
Geranium phaeum 'Album'	82
Geranium phaeum 'Lavender Pinwheel'	82
Geranium phaeum var. *phaeum* 'Samobor'	82
Geranium pratense	82
Geranium pratense 'Mrs. Kendall Clark'	82
Geranium pratense 'Splish Splash'	82
Geranium renardii	83
Geranium sanguineum	83
Geranium sanguineum 'Album'	83
Geranium sanguineum var. *striatum*	83
Geum	84
Geum 'Borisii'	84
Gillenia	84

Gillenia trifoliata	84

[H]

Hakonechloa	159
Hakonechloa macra	159
Hakonechloa macra var. aureola	159
Helenium	85
Helenium autumnale	85
Helenium autumnale 'Helena Gold'	85
Helenium autumnale 'Helena Rote Tone'	85
Helianthemum	85
Helianthemum apenninum	85
Helianthus	86
Helianthus 'Lemon Queen'	86
Heliopsis	86
Heliopsis helianthoides	86
Heliopsis helianthoides subsp. scabra 'Sommersonne'	86
Heliopsis helianthoides subsp. scabra 'Summer Nights'	86
Helleborus	141
Helleborus × hybridus	141
Helleborus × hybridus 'Ashwood Moonlight'	141
Helleborus × hybridus 'White Lady'	141
Helleborus niger	141
Helleborus orientalis	141
Hemerocallis	87
Hemerocallis 'Final Touch'	87
Hesperantha	87
Hesperantha coccinea	87
Hesperantha coccinea 'Fenland Daybreak'	87
Heuchera	142
Heuchera 'Obsidian'	142
Heuchera 'Peach Flambe'	142
Heuchera villosa	142
Heuchera villosa 'Palace Purple'	142
Heuchera villosa var. macrorhiza	142
Hordeum	159

Hordeum jubatum	159
Hosta	143 ~ 145
Hosta 'Blue Angel'	145
Hosta 'Blue Cadet'	144
Hosta 'Devon Green'	145
Hosta 'Golden Tiara'	145
Hosta 'Halcyon'	144
Hosta 'Krossa Regal'	144
Hosta 'Night Before Christmas'	145
Hosta 'Patriot'	145
Hosta plantaginea	143
Hosta 'Regal Splender'	143
Hosta 'Striptese'	144
Hosta 'Sum and Substance'	144
Hosta undulata	143
Hosta undulata var. albomarginata	143
Hosta undulata var. univitata	143
Hosta 'White Feather'	144
Hosta 'White Triumphator'	145
Hyacinthoides	88
Hyacinthoides hispanica	88
Hydrangea	● 186 ~ 187
Hydrangea arborescens	● 186
Hydrangea paniculata	● 187
Hydrangea quercifolia	● 186
Hylotelephium	88 ~ 89
Hylotelephium spectabile	89
Hylotelephium spectabile 'Brilliant'	89
Hylotelephium spectabile 'Stardust'	89
Hylotelephium telephium	89
Hylotelephium telephium 'Matrona'	89
Hylotelephium telephium 'Purple Emperor'	89
Hystrix	160
Hystrix patula	160

[I]

Iberis	90
Iberis sempervirens	90
Iberis sempervirens 'Snow Cushion'	90

Iris ········· 90 ~ 91
Iris domestica ········ 91
Iris gracilipes ········ 91
Iris pumila ········ 91
Iris reticulata ········ 91
Iris sibirica ········ 91
Iris sibirica 'Alba' ········ 91

[K]
Kirengeshoma ········ 146
Kirengeshoma palmata ········ 146
Knautia ········ 92
Knautia arvensis ········ 92
Kniphofia ········ 93
Kniphofia 'Flamenco' ········ 93
Kniphofia 'Little Maid' ········ 93
Kniphofia 'Percy's Pride' ········ 93
Kniphofia 'Shining Sceptre' ········ 93

[L]
Lamprocapnos ········ 146
Lamprocapnos spectabilis ········ 146
Lamprocapnos spectabilis 'Alba' ········ 146
Lathyrus ········ 92
Lathyrus vernus ········ 92
Lathyrus vernus 'Rainbow' ········ 92
Lathyrus vernus 'Rosenelfe' ········ 92
Liatris ········ 94
Liatris spicata ········ 94
Ligularia ········ 147
Ligularia dentata ········ 147
Ligularia dentata 'Desdemona' ········ 147
Ligularia 'Gregynog Gold' ········ 147
Ligularia przewalskii ········ 147
Ligularia stenocephala ········ 147
Ligularia stenocephala 'The Rocket' ········ 147
Lilium ········ 95
Lilium canadense ········ 95
Lilium candidum ········ 95
Lilium lancifolium ········ 95

Lilium martagon ········ 95
Lobularia ········ ● 170
Lonicera ········ ● 188
Lychnis ········ 94
Lychnis chalcedonica ········ 94
Lychnis chalcedonica 'Red Cross' ········ 94
Lysimachia ········ 96
Lysimachia ciliata ········ 96
Lysimachia ciliata 'Firecracker' ········ 96
Lysimachia nummularia ········ 96
Lysimachia punctata ········ 96
Lythrum ········ 97
Lythrum salicaria ········ 97
Lythrum salicaria 'Blush' ········ 97

[M]
Macleaya ········ 97
Macleaya microcarpa ········ 97
Macleaya microcarpa 'Kelway's Coral Plume' ········ 97
Malva ········ 99
Malva moschata ········ 99
Malva moschata f. *alba* ········ 99
Malva moschata 'Rosea' ········ 99
Meconopsis ········ 148
Meconopsis grandis ········ 148
Melica ········ 160
Melica ciliata ········ 160
Mertensia ········ 148
Mertensia virginica ········ 148
Miscanthus ········ 161
Miscanthus sinensis ········ 161
Miscanthus sinensis 'Gracillimus' ········ 161
Miscanthus sinensis 'Graziella' ········ 161
Miscanthus sinensis 'Morning Light' ········ 161
Miscanthus sinensis 'Zebrinus' ········ 161
Molinia ········ 162
Molinia caerulea ········ 162
Molinia caerulea 'Moorhexe' ········ 162
Monarda ········ 98 ~ 99

Monarda 'Blaustrumpf'	99	*Panicum virgatum* 'Rotstrahlbush'	162
Monarda 'Mahogany'	98	**Papaver**	102
Monarda 'Panorama Red Shades'	99	*Papaver alpinum* Hybrids	102
Monarda 'Pink Lace'	98	*Papaver orientale*	102
Monarda 'Prärienacht'	98	*Papaver orientale* 'Beauty of Livermere'	102
Monarda 'Schneewittchen'	98	*Papaver orientale* 'Perry's White'	102
Myosotis	● 171	**Pelargonium**	● 173
		Pennisetum	163
[N]		*Pennisetum alopecuroides*	163
Narcissus	100	*Pennisetum alopecuroides* f. *viridescens*	163
Narcissus cyclamineus	100	**Pennisetum**	● 173
Narcissus cyclamineus 'Tête-à-tête'	100	**Penstemon**	103
Narcissus 'Pink Charm'	100	*Penstemon digitalis*	103
Narcissus triandrus	100	*Penstemon digitalis* 'Dark Towers'	103
Narcissus triandrus 'Thalia'	100	*Penstemon digitalis* 'Husker Red'	103
Narcissus 'Tripartite'	100	*Penstemon hirsutus*	103
Nemesia	● 171	*Penstemon hirsutus* var. *pygmaeus*	103
Nepeta	101	**Persicaria**	104
Nepeta × *faassenii*	101	*Persicaria amplexicaulis*	104
Nepeta nervosa	101	*Persicaria amplexicaulis* 'Blackfield'	104
Nepeta nervosa 'Pink Cat'	101	*Persicaria amplexicaulis* 'Firetail'	104
Nepeta subsessilis	101	*Persicaria bistorta*	104
Nepeta subsessilis 'Pink Dreams'	101	*Persicaria bistorta* 'Superba'	104
Nepeta subsessilis 'Washfield'	101	*Persicaria polymorpha*	104
Nicotiana	● 172	**Petunia**	● 174
		Philadelphus	● 188
[O]		**Phlomis**	105
Omphalodes	149	*Phlomis fruticosa*	105
Omphalodes cappadocica	149	**Phlox**	106〜107
Omphalodes cappadocica 'Cherry Ingram'	149	*Phlox carolina*	106
Omphalodes cappadocica 'Starry Eyes'	149	*Phlox carolina* 'Bill Baker'	106
Orlaya	● 172	*Phlox divaricata*	106
		Phlox divaricata 'Clouds of Perfume'	106
[P]		*Phlox divaricata* 'White Perfume'	106
Paeonia	149	*Phlox maculata*	106
Paeonia 'Buckeye Bell'	149	*Phlox maculata* 'Natasha'	106
Panicum	162	*Phlox paniculata*	107
Panicum virgatum	162	*Phlox paniculata* 'Blue Boy'	107
Panicum virgatum 'Rehbraun'	162	*Phlox paniculata* 'Blue Paradise'	107
		Phlox paniculata 'Laura'	107

Phlox paniculata 'Miss Pepper'	107		*Primula elatior* 'Silver Lace Black'	110
Phlox paniculata 'White Admiral'	107		*Primula japonica*	110
Phlox paniculata 'Windsor'	107		*Primula japonica* 'Appleblossom'	110
Phygelius	● 174		*Primula veris*	111
Physocarpus	● 189		*Primula veris* 'Katy McSparron'	111
Physostegia	105		*Primula vialii*	111
Physostegia virginiana	105		**Pulmonaria**	151
Physostegia virginiana 'Alba'	105		*Pulmonaria* 'Blue Ensign'	151
Physostegia virginiana 'Rosea'	105		*Pulmonaria officinalis*	151
Platycodon	108		*Pulmonaria officinalis* 'Sissinghurst White'	151
Platycodon grandiflorus	108		*Pulmonaria saccharata*	151
Platycodon grandiflorus 'Hakone White'	108		*Pulmonaria saccharata* 'Mrs. Moon'	151
Podophyllum	150		*Pulmonaria* 'Samourai'	151
Podophyllum peltatum	150		**Pulsatilla**	112
Polemonium	108〜109		*Pulsatilla vulgaris*	112
Polemonium caeruleum	108		*Pulsatilla vulgaris* 'Rote Glocke'	112
Polemonium caeruleum f. *album*	108			
Polemonium reptans	109		**[R]**	
Polemonium reptans 'Stairways to Heaven'	109		**Rheum**	112
Polemonium yezoense	109		*Rheum palmatum*	112
Polemonium yezoense 'Purple Rain Strain'	109		*Rheum palmatum* 'Atrosanguineum'	112
Polygonatum	150		**Ricinus**	● 175
Polygonatum odoratum var. *pluriflorum*	150		**Rodgersia**	152
Polygonatum odoratum var. *pluriflorum* 'Variegatum'	150		*Rodgersia aesculifolia* var. *henrici*	152
Potentilla	109		*Rodgersia podophylla*	152
Potentilla thurberi	109		**Rosa**	● 189
Potentilla thurberi 'Monarch's Velvet'	109		**Roscoea**	152〜153
Potentilla × *tonguei*	109		*Roscoea* × *beesiana*	153
Primula	110〜111		*Roscoea purpurea*	153
Primula aurantiaca	111		**Rudbeckia**	113
Primula auricula subsp. *bauhinii*	111		*Rudbeckia fulgida* var. *sullivantii*	113
Primula denticulata	111		*Rudbeckia fulgida* var. *sullivantii* 'Goldsturm'	113
Primula denticulata var. *alba*	111		*Rudbeckia occidentalis*	113
Primula elatior	110		*Rudbeckia occidentalis* 'Green Wizard'	113
Primula elatior 'Gold Lace'	110		**Ruellia**	114
			Ruellia humilis	114
			Rumex	114
			Rumex flexuosus	114

[S]

Salvia	115
Salvia nemorosa	115
Salvia nemorosa 'Amethyst'	115
Salvia nemorosa 'Caradonna'	115
Salvia pratensis	115
Salvia pratensis 'Rose Rhapsody'	115
Salvia pratensis 'Swan Lake'	115
Salvia	● 175
Sanguinaria	153
Sanguinaria canadensis	153
Sanguinaria canadensis 'Flore Pleno'	153
Sanguisorba	116
Sanguisorba obtusa	116
Sanguisorba officinalis	116
Sanguisorba officinalis 'Pink Tanna'	116
Sanguisorba 'Pink Brushes'	116
Sanguisorba tenuifolia	116
Sanguisorba tenuifolia 'Alba'	116
Scabiosa	117
Scabiosa caucasica	117
Scabiosa caucasica 'Perfecta Alba'	117
Scabiosa columbaria	117
Scabiosa	● 176
Scilla	118
Scilla siberica	118
Senecio	● 176
Sidalcea	118 ~ 119
Sidalcea candida	118
Sidalcea 'Mr Lindbergh'	119
Sidalcea 'Rosaly'	119
Silene	119
Silene dioica	119
Silene uniflora	119
Silene uniflora 'Compacta'	119
Spiraea	● 190
Sporobolus	163
Sporobolus heterolepis	163
Stachys	120
Stachys byzantina	120
Stachys monieri	120
Stachys recta	120
Stipa	164
Stipa gigantea	164
Stipa tenuissima	164
Stokesia	121
Stokesia laevis	121
Stokesia laevis 'White Star'	121
Succisella	121
Succisella inflexa	121
Symphyotrichum	122 ~ 123
Symphyotrichum dumosum	122
Symphyotrichum dumosum 'Lady in Blue'	122
Symphyotrichum lateriflorum	122
Symphyotrichum lateriflorum 'Prince'	122
Symphyotrichum lateriflorum var. *horizontalis*	122
Symphyotrichum 'Little Carlow'	123
Symphyotrichum novae-angliae	123
Symphyotrichum novae-angliae 'Herbstchnee'	123
Symphyotrichum turbinellum	122
Symphytum	123
Symphytum grandiflorum	123
Symphytum grandiflorum 'Gold Smith'	123

[T]

Tagetes	● 177
Tanacetum	125
Tanacetum coccineum	125
Tanacetum coccineum 'Duro'	125
Tanacetum coccineum 'Robinson Pink'	125
Thalictrum	124 ~ 125
Thalictrum aquilegifolium	125
Thalictrum aquilegifolium 'Album'	125
Thalictrum delavayi	124
Thalictrum delavayi 'Album'	124
Thalictrum delavayi 'Hewitt's Double'	124
Thalictrum 'Elin'	124

Thalictrum flavum 124
Thalictrum rochebrunianum 125
Thermopsis 126
Thermopsis caroliniana 126
Thymus 127
Thymus praecox 127
Thymus serpyllum 127
Thymus vulgaris 127
Thymus vulgaris 'Silver Posie' 127
Tradescantia 126
Tradescantia × andersoniana 126
Tricyrtis 154
Tricyrtis hirta 154
Tricyrtis hirta 'Miyazaki' 154
Trollius 129
Trollius × cultorum 129
Trollius × cultorum 'Cheddar' 129
Trollius europaeus 129
Tulipa 128 〜 129
Tulipa 'Ballerina' 128
Tulipa 'Green Star' 128
Tulipa Hybrid 128
Tulipa 'Princess Irene' 128
Tulipa 'Queen of Night' 128
Tulipa Species 129
Tulipa turkestanica 129
Tulipa urumiensis 129

[U]
Uvularia 154
Uvularia grandiflora 154

[V]
Verbena ● 177
Veronica 130
Veronica fruticans 130
Veronica lyallii 130
Veronicastrum 130 〜 131
Veronicastrum sibiricum 131
Veronicastrum virginicum 131

Viola 155
Viola cornuta 155
Viola cornuta 'Alba' 155
Viola koreana 155
Viola labradorica 155
Viola sororia 155
Viola ● 178

[Y]
Yucca 131
Yucca filamentosa 131

[Z]
Zinnia ● 178

● 参考文献／参考 URL

気象庁ホームページ
http://www.jma.go.jp/

国立研究開発法人 農業・食品産業技術総合研究機構 北海道農業研究センター（札幌市）
http://www.naro.affrc.go.jp/harc/

ANGIOSPERM PHYLOGENY WEBSITE/University of Missouri
http://www.mobot.org/mobot/research/apweb/

United States National Arboretum/United States Department of Agriculture
http://www.usna.usda.gov/Hardzone/

園芸植物大事典（塚本洋太郎、小学館）

高等植物分類表（米倉浩司、邑田仁、北隆館）

植物分類表（大場秀章、アボック社）

ビジュアル園芸・植物用語事典（土橋豊、家の光協会）

北海道の庭づくり（川村展之、北海道新聞社）

北海道の野の花（谷口弘一、三上日出夫、北海道新聞社）

Index of Garden Plants（M. Griffiths, MACMILLAN）

RHS Plant Finder 2015（J. Cubey, Rae Spencer-Jones）

STEARN'S DICTIONARY OF PLANT NAMES FOR GARDENERS（W. T. Stearn, Cassell）

THE ENCYCLOPEDIA OF PLANTING COMBINATIONS（T. Lord, Firefly Books Ltd.）

The Royal Horticultural Society A-Z Encyclopedia of Garden Plants（C. Brickell, Dorling Kindersley Ltd.）

● 協力

株式会社アボック社（神奈川県鎌倉市）
http://aboc.co.jp/

アンティークローズガーデン ママン・コシェ（香川県まんのう町）
http://wwwe.pikara.ne.jp/kaido-sha/mamancochet/cafemamancochet.htm

イェリトペレニアルシード日本事務所（東京都あきる野市・オスコガーデンジャパン株式会社）
http://jelitto.com/

上野砂由紀（旭川市・上野ファーム）
http://www.uenofarm.net/

エコツールマーケット（兵庫県三木市）
http://www.ecotoolmarketco.com/

ジョイフルエーケー屯田店（札幌市北区）
http://www.jak.co.jp/

ナプロン（岡山市・株式会社 Ray）
http://www.napron.jp/

原田輝治（札幌市手稲区・フローラカルチャー イコロファーム）

momiji（札幌市中央区）
http://momiji-s.com/

著者 **北村真弓** きたむら・まゆみ

1971年広島県呉市生まれ。9年間の銀行勤務を経て、英国の農業大学リトルカレッジ（Writtle College）で3年間、ランドスケープデザインを学ぶ。2007年からイコロの森に勤務

著者 **髙林　初** たかばやし・はじめ

1977年静岡県浜松市生まれ。立命館大学理工学部を卒業後、リトルカレッジでガーデンデザインを学び、英国ウィンザーグレートパークで庭園管理を経験。2010年からイコロの森に勤務

監修 **工藤敏博** くどう・としひろ

1955年札幌市生まれ。元札幌市百合が原公園管理事務所長。2012年からイコロの森代表。道内各地でガーデンプランニングやバラ栽培に関する指導、講習を行っている。著書に「北海道のバラづくり」（北海道新聞社）

イコロの森

イコロとは、アイヌ語で「宝もの」の意味。深い森にいだかれた11のテーマガーデンからなり、北国の気候に耐える宿根草や花木が居心地のよい空間をつくる。早春はスノードロップ2万5000球の散歩道が見どころ

苫小牧市植苗565-1　☎0144・52・1562
営業期間：4月21日〜10月31日　9:00〜17:00（2024年シーズン）
入　園　料：大人（中学生以上）800円、小学生以下無料、65歳以上400円
シーズンチケット：1000円
※2024年4月現在
http://www.ikor-no-mori.com/

●本書とあわせて読みたい北海道新聞社の本●

北海道で育てるバラ

2016年3月末現在

石渡杏奈著
監修 工藤敏博
本体価格 1800円＋税
A5判　188ページ　ISBN978-4-89453-818-4

寒冷地でも元気に育つ耐寒性を見極めた品種選びと、北海道独自のバラ栽培のポイントを網羅。環境を考慮した景観の取り入れ方や花色の合わせ方、年間スケジュールで追う栽培管理や土壌改良、無農薬栽培、越冬や夏越しなど写真とイラストでわかりやすく解説。北海道でバラを素敵に育てるための成功の秘訣がこの1冊に。

カバー・扉写真	川尻亮一　※一部除く
イラスト	なかたいづみ、髙林初
編集協力	株式会社北海道新聞 HotMedia
ブックデザイン・DTP	株式会社アイワード DTP グループ

北海道で育てる宿根草

2016 年 3 月 19 日　初版第 1 刷発行
2024 年 2 月 14 日　初版第 4 刷発行

著　者　北村真弓　髙林初
発行者　近藤浩
発行所　北海道新聞社
　　　　〒060-8711 札幌市中央区大通西 3 丁目 6
　　　　出版センター（編集）TEL 011-210-5742
　　　　　　　　　　（営業）TEL 011-210-5744
印刷・製本　株式会社アイワード

落丁・乱丁本は出版センター（営業）にご連絡下さい。お取り換えいたします。
©Kitamura mayumi, Takabayashi hajime 2016 Printed in Japan
ISBN978-4-89453-819-1